GRAIMÉAR IS FÉIDIR LEAT!

Elizabeth Wade agus Yvonne O'Toole

An Comhlacht Oideachais

An Chéad Chló 2012
An Comhlacht Oideachais
Bóthar Bhaile an Aird
Baile Uailcín
Baile Átha Cliath 12
www.edco.ie

Tháinig an páipéar a úsáideadh sa leabhar seo ó fhoraoisí rialaithe i dtuaisceart na hEorpa. In aghaidh gach crann a leagtar, cuirtear crann amháin eile ar a laghad.

Ball de Smurfit Kappa ctp

ISBN 9781845365271

Clúdach:	Graham Thew
Grianghraf clúdaigh:	Grianghraf © joingat, a úsáidtear faoi cheadúnas ó Shutterstock.com
Grianghraif:	Alamy, Corbis, iStock.com, Shutterstock.com, The Simon Community
Dearadh:	Outburst Design
Clóchur:	David Houlden
Eagarthóir:	Julie O'Shea
Léitheoir profaí:	Dorothy Ní Uigín
Obair ealaíne:	Roger Fereday

05M17

Réamhrá

Leabhar mealltach spreagúil é an leabhar seo a chuirfidh ar chumas daltaí mórphointí ghramadach na Gaeilge a thabhairt leo. Tá na téarmaí gramadaí leagtha amach go soiléir agus tá réimse maith samplaí agus cleachtaí ann.

Tá caibidil faoi leith sa leabhar a chabhróidh leis na daltaí tabhairt faoi na gnéithe gramadaí a scrúdaítear i scrúdú an Teastais Shóisearaigh agus i scrúdú na hArdteistiméireachta.

Is leabhar cuimsitheach é agus beidh a thuilleadh cleachtaí le fáil ar an idirlíon.

Guíonn na húdair gach rath ar na daltaí agus ar na múinteoirí a úsáidfidh an leabhar seo.

Clár

Caibidil 1
Téarmaí Gramadaí

An tAlt	The Definite Article (**an / na**)
An Uimhir Uatha	Singular (**an fear / an bhean**)
An Uimhir Iolra	Plural (**na fir / na mná**)
An Chéad Phearsa	First Person (**mé / agam**)
An Dara Pearsa	Second Person (**tú / agat**)
An Tríú Pearsa	Third Person (**sé / sí / aige / aici**)
Guta	Vowel (**a, e, i, o, u**)
Consan	Consonant (**gach litir nach guta í**)
Guta Caol	Slender Vowel (**i, e**)
Guta Leathan	Broad Vowel (**a, o, u**)

Consan Caol	*Slender Consonant (**feirmeoir** / **cailín**)
Consan Leathan	*Broad Consonant (**nós** / **arán**)
Séimhiú	Lenition (**a chos** / **mo theach** / **cheap**)
Urú	Eclipsis (**ar an gcailín** / **i dtír**)
Ainmfhocal	Noun (**fear** / **bean**)
Baininscneach	Feminine (**an chlann** / **an áit** / **an tseachtain**)
Firinscneach	Masculine (**an teach** / **an t-amhrán** / **an siopa**)
Díochlaonadh	Declension
An Chéad Díochlaonadh	The First Declension: masculine nouns ending in broad consonants, slenderised in genitive singular (**an fear** / **mac an fhir**)
An Dara Díochlaonadh	The Second Declension: mainly feminine nouns ending in consonants, slenderised if necessary and -e added in genitive singular (**an chlann** / **teach na clainne**)
An Tríú Díochlaonadh	The Third Declension: masculine and feminine nouns, made broad if necessary and -a added in genitive singular (**an feirmeoir** / **teach an fheirmeora** / **an pholaitíocht** / **tábhacht na polaitíochta**)
An Ceathrú Díochlaonadh	The Fourth Declension: masculine and feminine nouns ending in -ín or vowels; no change to the end of the noun in genitive singular (**an cailín** / **ainm an chailín** / **an timpiste** / **cúis na timpiste**)
An Cúigiú Díochlaonadh	The Fifth Declension: mainly feminine nouns ending in slender consonants or vowels; end in -(e)ach in genitive singular or have -n/-nn added (**an chathair** / **lár na cathrach** / **an chomharsa** / **teach na comharsan**)

*A consonant is **slender** if it is preceded or followed by either of the slender vowels, i, e.
*A consonant is **broad** if it is preceded or followed by one of the broad vowels, a, o, u.

Tuiseal	Case
An Tuiseal Ainmneach	The Nominative Case (**tá an fear ag canadh**)
An Tuiseal Cuspóireach	The Accusative Case (**cloisim an fear ag canadh**)
An Tuiseal Tabharthach	The Dative Case (**ar an bhfear / leis an mbean**)
An Tuiseal Ginideach	The Genitive Case (**mac an fhir**)
An Tuiseal Gairmeach	The Vocative Case (**a Phádraig / a Shíle**)
Aidiacht	Adjective (**beag / mór**)
An Aidiacht Shealbhach	Possessive Adjective (**mo / do / a**)
Céimeanna Comparáide na hAidiachta	Comparative Stages of the Adjective (**ard / níos airde / is airde**)
Bunchéim	Primary Stage (**mór / beag**)
Breischéim	Comparative Stage (**níos mó / níos lú**)
Sárchéim	Superlative Stage (**is mó / is lú**)
Aidiacht Bhriathartha	Verbal Adjective (**déanta / briste**)
An Réamhfhocal	Preposition (**ag / ar / faoi / le / as / ó / roimh**)
An Forainm	Pronoun (**mé / tú / sé / sí / sinn / sibh / siad**)
Forainm Réamhfhoclach	Prepositional Pronoun (**orm / ort / air / uirthi**)
Briathar	Verb (**téigh / caith / ceap**)
Briathar Rialta	Regular Verb (**dún / ceannaigh**)
Briathar Neamhrialta	Irregular Verb (**bí / abair / feic / faigh / téigh / déan / beir / tabhair / clois / ith / tar**)

Réimniú	Conjugation
An Aimsir Chaite	The Past Tense (**dhún / d'fhág / cheannaigh**)
An Aimsir Láithreach	The Present Tense (**dúnann / fágann / ceannaíonn**)
An Aimsir Ghnáthláithreach	The Continuous Present (**bím / bíonn tú, sé, sí / bímid**)
An Aimsir Fháistineach	The Future Tense (**dúnfaidh / fágfaidh / ceannóidh**)
An Modh Coinníollach	The Conditional Mood (**dhúnfadh / d'fhágfadh / cheannódh**)
An Aimsir Ghnáthchaite	The Continuous Past (**dhúnadh / d'fhágadh / cheannaíodh**)
An Modh Ordaitheach	The Imperative Mood (**dún an doras / fág an seomra**)
An tAinm Briathartha	The Verbal Noun (**ag déanamh / ag ceannach**)
Orduimhreacha	Ordinal Numbers (**an chéad / dara / tríú**)
Uimhreacha Pearsanta	Personal Numbers (**duine / beirt / triúr**)

Caibidil 2
Na Briathra

Tá trí ghrúpa de na briathra ann:
- an Chéad Réimniú
- an Dara Réimniú
- na Briathra Neamhrialta.

An Chéad Réimniú

Níl ach siolla amháin sa fhréamh ag na briathra sa réimniú seo (dún, ól, féach, suigh, léigh) nó má tá síneadh fada sa siolla deireanach ag briathar fada (úsáid, sábháil) baineann siad leis an réimniú seo freisin.

An Dara Réimniú

Baineann briathra le níos mó ná siolla amháin sa fhréamh leis an réimniú seo (fiosraigh, codail, foghlaim, inis).

Riail le foghlaim

- Briathar leathan = briathar a chríochnaíonn le consan leathan – glan, féach, iarr; consan leathan = consan le ceann de na gutaí, 'a', 'o' nó 'u' roimhe – fág, íoc, leag
- Briathar caol = briathar a chríochnaíonn le consan caol – éist, fill, sroich; consan caol = consan le ceann amháin de na gutaí 'i' nó 'e' roimhe – úsáid, bris, fulaing

Cleachtaí le déanamh

Abair cén réimniú (1) nó (2) lena mbaineann na briathra seo a leanas agus an bhfuil siad leathan nó caol; mar shampla, fill (1C) , brostaigh (2L).

fág (_____), tosaigh (_____), íoc (_____), cíor (_____), smaoinigh (_____), oscail (_____), bris (_____), leag (_____), cónaigh (_____), cabhraigh (_____), glan (_____), scuab (_____), éalaigh (_____), ceartaigh (_____), pós (_____), diúltaigh (_____), caith (_____), scríobh (_____), gortaigh (_____), ullmhaigh (_____)

Caibidil 3
An Aimsir Chaite

Úsáideann tú an Aimsir Chaite nuair atá tú ag caint faoi:

rudaí atá thart, nuair a bhíonn focail mar seo san abairt, inné / aréir / anuraidh / an tseachtain seo caite / bliain ó shin / ar maidin / cúpla nóiméad ó shin.

 Riail le foghlaim

San Aimsir Chaite, cuireann tú séimhiú (**h**) ar an gcéad chonsan (dhún) agus **d'** roimh bhriathar a thosaíonn le guta (d'íoc) nó **f** (d'fhág).

An Aimsir Chaite, An Chéad Réimniú – briathra leathana

Tóg	Fág	Ól
Thóg mé	D'fhág mé	D'ól mé
Thóg tú	D'fhág tú	D'ól tú
Thóg sé / sí	D'fhág sé / sí	D'ól sé / sí
Thógamar	D'fhágamar	D'ólamar
Thóg sibh	D'fhág sibh	D'ól sibh
Thóg siad	D'fhág siad	D'ól siad
Tógadh / Níor tógadh	Fágadh / Níor fágadh	Óladh / Níor óladh
Níor thóg mé	Níor fhág mé	Níor ól mé
Ar thóg tú?	Ar fhág tú?	Ar ól tú?

 Riail le foghlaim

Níor an fhoirm dhiúltach san Aimsir Chaite (níor dhún)
Ar an fhoirm cheisteach san Aimsir Chaite (ar fhág?)

Cleachtaí le déanamh

A **Scríobh na habairtí seo a leanas san Aimsir Chaite.**

1. (Geall) _____ mo mháthair trí chéad euro dom an tseachtain seo caite.
2. (Íoc: sinn) _____ as an mbronntanas dár dtuismitheoirí.
3. (Cas) _____ sé lena chara ar scoil inné.
4. (Fág) _____ mé an teach ag a hocht ar maidin.
5. (Pós) _____ mo thuismitheoirí fiche bliain ó shin.

B **Scríobh na habairtí seo a leanas san Aimsir Chaite.**

1. (Gabh) _____ a sheanmháthair buíochas leis mar gur thug sé bronntanas di aréir.
2. (Scrios) _____ mo dheirfiúr bheag an oíche orm nuair a (fan) _____ sí liom don oíche ar fad.
3. (Fág: sinn) _____ an teach ag a hocht ar maidin ach bhíomar déanach don scoil.
4. Níor (coimeád) _____ mo chara aon bhia dom agus bhí díomá orm.
5. (Íoc) _____ sé céad euro ar an ticéad don cheolchoirm an samhradh seo caite.

C **Scríobh na habairtí seo a leanas san Aimsir Chaite.**

1. (Glan) _____ agus (scuab) _____ sé an scoil ó bhun go barr inné.
2. Níor (fás) _____ rósanna riamh sa ghairdín sin.
3. (Iarr) _____ an múinteoir orm na cóipleabhair a bhailiú di Dé Luain seo caite.
4. Níor (díol) _____ an siopadóir oiread is rud amháin ar an Luan.
5. Rugadh agus (tóg) _____ Seán i gContae na Gaillimhe.

D **Scríobh na habairtí seo a leanas san Aimsir Chaite.**

1. (Can) _____ an grúpa ceol álainn ag an gceolchoirm aréir.
2. Thosaigh tine sa teach ach (sábháil) _____ an fear gach duine a bhí ann.
3. (Fág) _____ siad an scoil agus (tóg) _____ siad an bus abhaile inné.
4. (Tóg) _____ m'athair balla ach (leag) _____ an Chomhairle é mar nach raibh cead aige é a thógáil.
5. Bhí an féar rófhada agus (gearr) _____ mé é an deireadh seachtaine seo caite.

E Aistrigh na habairtí seo a leanas go Gaeilge.

1 The shopkeeper sold 20 books yesterday.
2 My friend left hospital last week.
3 We cleaned the house from top to bottom last weekend.
4 My Dad brought a new dog home last night.
5 My little sister cut her hair a few months ago but it grew back.

F Aistrigh na habairtí seo a leanas go Gaeilge.

1 We didn't sing out loud at the concert.
2 They paid 100 euro for the tickets.
3 My mother thought my essay was great but the teacher didn't think so and I wrote it again.
4 She stayed in last night and watched the *X Factor*.
5 He never drank milk in his life.

An Aimsir Chaite, An Chéad Réimniú – briathra caola

Caith	Fill	Úsáid
Chaith mé	D'fhill mé	D'úsáid mé
Chaith tú	D'fhill tú	D'úsáid tú
Chaith sé / sí	D'fhill sé / sí	D'úsáid sé / sí
Chaitheamar	D'fhilleamar	D'úsáideamar
Chaith sibh	D'fhill sibh	D'úsáid sibh
Chaith siad	D'fhill siad	D'úsáid siad
Caitheadh / Níor caitheadh	Filleadh / Níor filleadh	Úsáideadh / Níor úsáideadh
Níor chaith mé	Níor fhill mé	Níor úsáid mé
Ar chaith tú?	Ar fhill tú?	Ar úsáid tú?

Cleachtaí le déanamh

A Scríobh na habairtí seo a leanas san Aimsir Chaite.

1 Níor (buail) _____ mé le mo chara ar scoil inné.
2 (Goid) _____ céad míle euro ón mbanc an tseachtain seo caite.
3 Níor (tuill) _____ sé ach fiche euro don tseachtain ar fad agus bhí díomá mhór air.
4 (Léim) _____ an capall thar an mballa agus (rith) _____ an feirmeoir ina dhiaidh.
5 (Úsáid: sinn) _____ an fón póca nua inné.

B Scríobh na habairtí seo a leanas san Aimsir Chaite.

1 (Mill) _____ sé an turas ar an rang mar (ól) _____ sé alcól.
2 Níor (tuig) _____ sé an ceacht agus bhí sé i dtrioblóid leis an múinteoir.
3 Níor (géill) _____ an bus ná an carr ag an gcrosbhóthar agus (buail) _____ siad in aghaidh a chéile.
4 (Séid) _____ an tiománaí an adharc agus (léim) _____ an coisí as an mbealach.
5 Bhí scrúdú pianó agam inné agus (seinn) _____ mé go maith.

C Scríobh na habairtí seo a leanas san Aimsir Chaite.

1 (Caill) _____ mo mháthair a cuid airgid agus (cuir) _____ sí an milleán orm.
2 (Teip) _____ orm sa scrúdú an tseachtain seo caite agus bhí díomá an domhain orm.
3 (Blais) _____ sé an bia ach (caith) _____ sé amach as a bhéal é láithreach bonn.
4 (Bain) _____ geit as mo chara nuair a chonaic sí taibhse sa seomra.
5 (Fág: sinn) _____ an teach ag a trí agus (sroich: sinn) _____ an pháirc ag an sé.

D Scríobh na habairtí seo a leanas san Aimsir Chaite.

1 Níor (caith) _____ mé ach trí lá san ospidéal nuair a (tit) _____ mé den rothar agus (buail) _____ an carr mé.
2 (Bris) _____ sé a shrón nuair a (buail) _____ a chara é inné.
3 (Troid) _____ mo sheanathair ar son na tíre nuair a bhí sé óg.
4 Níor (tuig) _____ sí an ceacht Fraincise agus mar sin (úsáid) _____ sí an foclóir.
5 (Rith) _____ na gadaithe isteach sa siopa, (béic) _____ siad ar na custaiméirí, (cuir) _____ siad ina luí ar an urlár iad agus (goid) _____ siad an t-airgead.

E Aistrigh na habairtí seo a leanas go Gaeilge.

1 He earned one hundred euro last week.
2 I didn't understand a word in class today.
3 They never lost a race at school.
4 She met her friends in town last night.
5 He stole the bike.

F Aistrigh na habairtí seo a leanas go Gaeilge.

1 She put her books in her bag and returned home.
2 I fought with my parents last night.
3 We spent all day in town last Saturday.
4 When they reached the beach they put their swimming togs on.
5 I lost my mobile phone again last week.

Aimsir Chaite, An Chéad Réimniú
– briathra a chríochnaíonn le '-gh'

Suigh	Pléigh	Buaigh
Shuigh mé	Phléigh mé	Bhuaigh mé
Shuigh tú	Phléigh tú	Bhuaigh tú
Shuigh sé / sí	Phléigh sé / sí	Bhuaigh sé / sí
Shuíomar	Phléamar	Bhuamar
Shuigh sibh	Phléigh sibh	Bhuaigh sibh
Shuigh siad	Phléigh siad	Bhuaigh siad
Suíodh / Níor suíodh	Pléadh / Níor pléadh	Buadh / Níor buadh
Níor shuigh mé	Níor phléigh mé	Níor bhuaigh mé
Ar shuigh tú?	Ar phléigh tú?	Ar bhuaigh tú?

Cleachtaí le déanamh

A Scríobh na habairtí seo a leanas san Aimsir Chaite.

1. (Pléigh: sinn) _____ fadhb an óil sa rang inné.
2. Níor (nigh) _____ sí í féin le seachtain agus bhí boladh uafásach uaithi.
3. (Léigh: sinn) _____ an leabhar sin anuraidh.
4. Bhí áthas an domhain orm nuair a (buaigh) _____ m'fhoireann.
5. Bhí siad tuirseach traochta agus (suigh) _____ siad síos ar an bhféar.

B Scríobh na habairtí seo a leanas san Aimsir Chaite.

1. (Luigh) _____ sé siar ar an leaba agus (tit) _____ a chodladh air.
2. (Glaoigh) _____ mo chara orm ar an bhfón.
3. (Guigh) _____ an rang ar son an chailín a bhí tinn.
4. Níor (pléigh) _____ mé an aiste le mo chara.
5. (Béic: sinn) _____ le háthas mar gur (buaigh) _____ an rás.

C Scríobh na habairtí seo a leanas san Aimsir Chaite.

1. (Glaoigh) _____ mé ar an otharcharr nuair a (tit) _____ mo dheartháir síos an staighre.
2. (Caith) _____ sí an lá ar fad ag caint agus (pléigh) _____ sí an cheist go mion.
3. Níor (nigh) _____ sé é féin le fada agus níor (fhan) _____ aon duine in aice leis.
4. (Shuigh: sinn) _____ síos agus (lig: sinn) _____ ár scíth.
5. (Léim) _____ sé le háthas nuair a (buaigh) _____ sé an comórtas.

D Aistrigh na habairtí seo a leanas go Gaeilge.

1. I read the paper last night.
2. He called his friend on his mobile phone.
3. She was tired and she lay down on the bed.
4. We washed ourselves after the match.
5. That team never ever won a match.

E Aistrigh na habairtí seo a leanas go Gaeilge.

1. The old lady prayed out loud in the church.
2. The teacher discussed the essay with the class.
3. We read the book in class yesterday.
4. He sat down and watched the television last night.
5. He mentioned the money to me.

An Aimsir Chaite
– briathra le dhá shiolla sa chéad réimniú a chríochnaíonn ar '-áil' nó '-áin'

Sábháil	*Tiomáin	Taispeáin
Shábháil mé	Thiomáin mé	Thaispeáin mé
Shábháil tú	Thiomáin tú	Thaispeáin tú
Shábháil sé / sí	Thiomáin sé / sí	Thaispeáin sé / sí
Shábhálamar	Thiomáineamar	Thaispeánamar
Shábháil sibh	Thiomáin sibh	Thaispeáin sibh
Shábháil siad	Thiomáin siad	Thaispeáin siad
Sábháladh / Níor sábháladh	Tiomáineadh / Níor tiomáineadh	Taispeánadh / Níor taispeánadh
Níor shábháil mé	Níor thiomáin mé	Níor thaispeáin mé
Ar shábháil tú?	Ar thiomáin tú?	Ar thaispeáin tú?

* Tabhair faoi deara gur eisceacht é an briathar 'tiomáin' mar go bhfanann sé caol tríd síos.

An Aimsir Chaite, An Dara Réimniú
– briathra leathana

Ceannaigh	Fostaigh	Ullmhaigh
Cheannaigh mé	D'fhostaigh mé	D'ullmhaigh mé
Cheannaigh tú	D'fhostaigh tú	D'ullmhaigh tú
Cheannaigh sé / sí	D'fhostaigh sé / sí	D'ullmhaigh sé / sí
Cheannaíomar	D'fhostaíomar	D'ullmhaíomar
Cheannaigh sibh	D'fhostaigh sibh	D'ullmhaigh sibh
Cheannaigh siad	D'fhostaigh siad	D'ullmhaigh siad
Ceannaíodh / Níor ceannaíodh	Fostaíodh / Níor fostaíodh	Ullmhaíodh / Níor ullmhaíodh
Níor cheannaigh mé	Níor fhostaigh mé	Níor ullmhaigh mé
Ar cheannaigh tú?	Ar fhostaigh tú?	Ar ullmhaigh tú?

Cleachtaí le déanamh

A Scríobh na habairtí seo a leanas san Aimsir Chaite.

1 Bhí an múinteoir tinn agus níor
(ceartaigh) _____ sí na
cóipleabhair go léir aréir.

2 (Éalaigh) _____ na
hainmhithe ón zú inné.

3 (Brostaigh) _____ an páiste
abhaile ón scoil inné.

4 Bhí sioc ar na bóithre agus (sleamhnaigh)
_____ na carranna orthu.

5 Níor (ceannaigh: sinn) _____
aon rud sa siopa mar nach raibh aon
airgead againn.

B Scríobh na habairtí seo a leanas san Aimsir Chaite.

1 (Diúltaigh) _____ mo mháthair aon airgead breise a thabhairt dom
mar (caith) _____ mé an t-airgead ar fad a thug sí dom inné.

2 (Gortaigh) _____ an leanbh nuair a thit sé den phram.

3 (Fiafraigh) _____ na Gardaí díom an bhfaca mé an bhean a bhí ar
iarraidh.

4 (Caill) _____ m'athair a chuid eochracha agus (cuardaigh)
_____ sé an teach ó bhun go barr ach níor (aimsigh) _____
sé iad.

5 (Cónaigh) _____ mo mháthair faoin tuath nuair a bhí sí óg.

C Scríobh na habairtí seo a leanas san Aimsir Chaite.

1 Níor (críochnaigh) _____ sé an obair bhaile go luath agus mar sin
níor (féach) _____ sé ar an teilifís.

2 (Socraigh) _____ mé agus mo chairde dul go dtí an phictiúrlann aréir.

3 (Mothaigh) _____ mé brónach aréir agus (breathnaigh) _____
mé ar scannán greannmhar.

4 (Diúltaigh) _____ sé aon obair a dhéanamh agus (ordaigh)
_____ an múinteoir dó an obair bhaile a dhéanamh arís.

5 (Fiosraigh) _____ agus (scrúdaigh) _____ na Gardaí an suíomh tar
éis na robála.

D Scríobh na habairtí seo a leanas san Aimsir Chaite.

1 Ar (cabhraigh) _____ tú le do thuismitheoirí in aon chor inné?

2 (Mothaigh) _____ sí an-tinn agus (caith) _____ sí an lá sa leaba.

3 (Tosaigh) _____ an t-aonach saothair ag a trí agus (ceannaigh) _____ mé a lán earraí éagsúla ann.

4 (Roghnaigh) _____ an múinteoir an buachaill óg don chomórtas agus (mothaigh) _____ sé an-bhródúil.

E Aistrigh na habairtí seo a leanas go Gaeilge.

1 I prepared well for the test.
2 The child escaped from the house and ran into the garden.
3 The cat killed the mouse in the garden yesterday.
4 School didn't start until ten yesterday.
5 He injured his hand at football last weekend.

F Aistrigh na habairtí seo a leanas go Gaeilge.

1 We hurried home because we were late.
2 We lived in America when we were young.
3 The guards searched for the prisoners who had escaped.
4 My mother bought all her presents for Christmas in November.
5 We cycled to school last week.

An Aimsir Chaite, An Dara Réimniú – briathra caola

Cuidigh	Cuimhnigh	Oibrigh
Chuidigh mé	Chuimhnigh mé	D'oibrigh mé
Chuidigh tú	Chuimhnigh tú	D'oibrigh tú
Chuidigh sé / sí	Chuimhnigh sé / sí	D'oibrigh sé / sí
Chuidíomar	Chuimhníomar	D'oibríomar
Chuidigh sibh	Chuimhnigh sibh	D'oibrigh sibh
Chuidigh siad	Chuimhnigh siad	D'oibrigh siad
Cuidíodh / Níor cuidíodh	Cuimhníodh / Níor cuimhníodh	Oibríodh / Níor oibríodh
Níor chuidigh mé	Níor chuimhnigh mé	Níor oibrigh mé
Ar chuidigh tú?	Ar chuimhnigh tú?	Ar oibrigh tú?

Cleachtaí le déanamh

A Scríobh na habairtí seo a leanas san Aimsir Chaite.

1 (Bailigh) _____ mé na cuairteoirí ón traein aréir.
2 Níor (éirigh) _____ siad in am inné agus (imigh) _____ an bus gan iad.
3 (Foilsigh) _____ an scoil leabhar na bliana aréir.
4 (Cóirigh: sinn) _____ na leapacha agus (imigh: sinn) _____ amach ansin.
5 (Imigh) _____ na cailíní ar scoil inné.

B Scríobh na habairtí seo a leanas san Aimsir Chaite.

1 Níor (cóirigh) _____ sé a leaba ar maidin agus (éirigh) _____ a mháthair feargach leis.
2 Níor (dúisigh) _____ mé in am agus bhí mé déanach.
3 (Impigh) _____ mé ar mo chara iasacht airgid a thabhairt dom ach (diúltaigh) _____ sí.
4 Níor (oibrigh) _____ sé go dian agus níor (éirigh) _____ leis ina chuid scrúduithe.
5 Níor (cuimhnigh) _____ sí ar bhreithlá a máthar agus (maslaigh) _____ sí í.

C Scríobh na habairtí seo a leanas san Aimsir Chaite.

1 (Aistrigh) _____ mé an leabhar Béarla go Gaeilge.
2 (Oibrigh) _____ sé go dian aréir agus (éirigh) _____ go hiontach leis.
3 (Bailigh) _____ siad a lán airgid i gcomhair Goal ag an Nollaig.
4 Níor (dúisigh) _____ mé in am ach (éirigh) _____ liom an scoil a shroichint in am.
5 (Cóirigh) _____ sí a leaba agus (glan) _____ sí a seomra codlata inné.

D Scríobh na habairtí seo a leanas san Aimsir Chaite.

1 Ar (foghlaim) _____ siad tada ar scoil inné?
2 Níor (foilsigh) _____ an nuachtán an scéal faoin bpolaiteoir sin ach (craol) _____ TV3 an scéal.
3 Nuair a stop an bus (tuirling) _____ na paisinéirí go léir de agus (imigh) _____ siad abhaile.
4 (Éirigh) _____ liom sa scrúdú mar (dírigh) _____ mé ar an obair.
5 (Imigh) _____ an fear abhaile ar nós na gaoithe nuair a chonaic sé an madra crosta.

E Scríobh na habairtí seo a leanas san Aimsir Chaite.

1 Bhí eagla an domain orm nuair a (bagair) _____ an fear an madra orm.
2 Níor (freagair) _____ sí an cheist agus bhí an múinteoir crosta léi.
3 (Oscail: sinn) _____ an doras don fhear agus (gabh) _____ sé buíochas linn.
4 (Labhair) _____ an múinteoir linn faoinár n-iompar sa rang.
5 Níor (codail) _____ an leanbh go maith aréir agus (caith) _____ sé an lá ag caoineadh.

F Aistrigh na habairtí seo a leanas go Gaeilge.

1 We worked very hard last year.
2 They went home at four o'clock yesterday.
3 I woke at eight this morning.
4 She made the bed in the afternoon.
5 He remembered his friend's birthday last week.

An Aimsir Chaite, An Dara Réimniú
– briathra a chríochnaíonn le '-ir', '-ail', '-is', '-il'

Codail	Freagair	Inis
Chodail mé	D'fhreagair mé	D'inis mé
Chodail tú	D'fhreagair tú	D'inis tú
Chodail sé / sí	D'fhreagair sé / sí	D'inis sé / sí
Chodlaíomar	D'fhreagraíomar	D'insíomar
Chodail sibh	D'fhreagair sibh	D'inis sibh
Chodail siad	D'fhreagair siad	D'inis siad
Codlaíodh / Níor codlaíodh	Freagraíodh / Níor freagraíodh	Insíodh / Níor insíodh
Níor chodail mé	Níor fhreagair mé	Níor inis mé
Ar chodail tú?	Ar fhreagair tú?	Ar inis tú?

Cleachtaí le déanamh

A **Scríobh na habairtí seo a leanas san Aimsir Chaite.**

1   (Fógair) _____ an múinteoir go mbeadh leath lae againn go luath.
2   (Iompair) _____ an fear an buachaill
    óg ar a dhroim.
3   Níor (labhair) _____ mo chara

    liom inné mar go rabhamar ag troid lena chéile.
4   (Oscail) _____ an bhean an doras
    agus (éalaigh) _____ na lasracha.
5   (Ceangail) _____ sé an madra den
    chuaille nuair a chuaigh sé isteach sa siopa.

B **Scríobh na habairtí seo a leanas san Aimsir Chaite.**

1   (Eitil) _____ mé ó Bhaile Átha Cliath go Londain inné.
2   (Imir: sinn) _____ cluiche iontach inné.
3   (Cosain) _____ an teach nua milliún euro.
4   (Bagair) _____ an feirmeoir a mhadra ar na buachaillí dána.
5   Níor (aithin) _____ a seanmháthair í mar nach raibh radharc na súl
    go maith aici.

C **Scríobh na habairtí seo a leanas san Aimsir Chaite.**

1   (Freagair) _____ mé an cheist a chuir an múinteoir orm.
2   Níor (oscail) _____ sí an bronntanas go dtí an oíche.
3   (Eitil) _____ mé go Gaillimh ó Bhaile Átha Cliath an samhradh seo caite.
4   Níor (imir: sinn) _____ aon chluiche an geimhreadh seo caite.
5   (Aithin) _____ siad a ngaolta nuair a tháinig siad ar saoire.

D **Scríobh na habairtí seo a leanas san Aimsir Chaite.**

1   (Cosain) _____ an scáth fearthainne mé ón mbáisteach.
2   (Codail) _____ siad go sámh aréir.
3   Ar (inis) _____ Seán an scéal duit?
4   (Labhair) _____ an múinteoir leis an rang ar maidin faoin obair bhaile.
5   Níor (freagair) _____ sí an cheist agus bhí fearg ar an múinteoir.

E **Aistrigh na habairtí seo a leanas go Gaeilge.**

1   He slept until twelve on Saturday.
2   Kerry played really well in the final.
3   We flew from Ireland to France on our holidays last year.
4   She didn't like the restaurant and never went there again.
5   I answered all the questions in the exam.

Aistrigh na habairtí seo a leanas go Gaeilge.

1   The father carried the child home.
2   I never ever liked cheese.
3   Ireland didn't play well in the match last night.
4   The shop opened at ten yesterday morning.
5   The robber threatened the shopkeeper.

An Aimsir Chaite
– briathra neamhrialta

Bí	Abair
Bhí mé / tú / sé / sí	Dúirt mé / tú / sé / sí
Bhíomar	Dúramar
Bhí sibh / siad	Dúirt sibh / siad
Bhíothas / Ní rabhthas	Dúradh / Ní dúradh
Ní raibh mé / Ní rabhamar	Ní dúirt mé / Ní dúramar
An raibh tú?	An ndúirt tú?

Feic	Faigh
Chonaic mé / tú / sé / sí	Fuair mé / tú / sé / sí
Chonaiceamar	Fuaireamar
Chonaic sibh / siad	Fuair sibh / siad
Chonacthas / Ní fhacthas	Fuarthas / Ní bhfuarthas
Ní fhaca mé / Ní fhacamar	Ní bhfuair mé / Ní bhfuaireamar
An bhfaca tú?	An bhfuair tú?

Téigh	Déan
Chuaigh mé / tú / sé / sí	Rinne mé / tú / sé / sí
Chuamar	Rinneamar
Chuaigh sibh / siad	Rinne sibh / siad
Chuathas / Ní dheachthas	Rinneadh / Ní dhearnadh
Ní dheachaigh mé / Ní dheachamar	Ní dhearna mé / Ní dhearnamar
An ndeachaigh tú?	An ndearna tú?

Beir

Rug mé / tú / sé / sí

Rugamar

Rug sibh / siad

Rugadh / Níor rugadh

Níor rug mé / Níor rugamar

Ar rug tú?

Clois

Chuala mé / tú / sé / sí

Chualamar

Chuala sibh / siad

Chualathas / Níor chualathas

Níor chuala mé / Níor chualamar

Ar chuala tú?

Ith

D'ith mé / tú / sé / sí

D'itheamar

D'ith sibh / siad

Itheadh / Níor itheadh

Níor ith mé / Níor itheamar

Ar ith tú?

Tabhair

Thug mé / tú / sé / sí

Thugamar

Thug sibh / siad

Tugadh / Níor tugadh

Níor thug mé / Níor thugamar

Ar thug tú?

Tar

Tháinig mé / tú / sé / sí

Thángamar

Tháinig sibh / siad

Thángthas / Níor thángthas

Níor tháinig mé / Níor thángamar

Ar tháinig tú?

Aire duit!

Tógann na briathra BAFFTD (bí, abair, feic, faigh, téigh, déan) 'ní', 'nach', 'an', 'go' san Aimsir Chaite.

Ní raibh / nach raibh / an raibh / go raibh
Ní dúirt / nach ndúirt / an ndúirt / go ndúirt
Ní fhaca / nach bhfaca / an bhfaca / go bhfaca
Ní bhfuair / nach bhfuair / an bhfuair / go bhfuair
Ní dheachaigh / nach ndeachaigh / an ndeachaigh / go ndeachaigh
Ní dhearna / nach ndearna / an ndearna / go ndearna

Cleachtaí le déanamh

A Scríobh na habairtí seo a leanas san Aimsir Chaite.

1 (Téigh) _____ mé ar scoil ag a hocht a chlog inné.
2 Ní (déan) _____ sé a chuid obair bhaile inné.
3 (Beir) _____ na Gardaí ar an ngadaí inné.
4 (Abair) _____ an múinteoir leis an rang nach raibh aon obair bhaile acu.
5 (Feic) _____ sí a cara nuair a (téigh) _____ sí ar cuairt chuici.

B Scríobh na habairtí seo a leanas san Aimsir Chaite.

1 (Bí) _____ an Taoiseach ar cuairt sa scoil inné.
2 Ní (faigh) _____ mé aon bhronntanas ó mo chara ar mo bhreithlá.
3 (Tabhair) _____ mé aire do mo dheartháir beag Dé Aoine seo caite.
4 (Beir) _____ mo mháthair i gContae na Gaillimhe ach (tóg) _____ i mBaile Átha Cliath í.
5 Níor (tar) _____ aon duine go dtí an chóisir agus ní (faigh) _____ sí leithscéal ó éinne.

C Scríobh na habairtí seo a leanas san Aimsir Chaite.

1 (Feic) _____ agus (clois) _____ sé a chara ar an mbus maidin inné.
2 Níor (ith) _____ mé aon bhricfeasta agus (bí) _____ ocras an domhain orm.
3 Ní (déan) _____ sé an obair bhaile in am agus (tabhair) _____ an múinteoir íde béil dó.
4 Ní (abair) _____ sé lena mháthair go raibh sé ag fáil tatú agus (bí) _____ sé i dtrioblóid léi nuair a (tar) _____ sé abhaile le ceann ar a ghualainn.
5 (Téigh) _____ sé abhaile inné agus (déan) _____ sé a chuid obair bhaile.

D Scríobh na habairtí seo a leanas san Aimsir Chaite.

1 (Déan) _____ mé praiseach den obair agus (bí) _____ na múinteoirí crosta liom.
2 Ní (téigh) _____ siad ag siopadóireacht inné toisc nach (bí) _____ pingin rua acu.
3 (Bí) _____ sí tinn aréir mar (ith) _____ sí an iomarca milseán.
4 (Bí) _____ an teach ina phraiseach nuair a (tar) _____ mo thuismitheoirí abhaile óna gcuid laethanta saoire.
5 Ní (feic) _____ agus níor (clois) _____ mé aon rud aréir mar (téigh) _____ mé amach.

Súil Siar ar an Aimsir Chaite

A **Scríobh na habairtí seo a leanas san Aimsir Chaite.**

1 (Caill) _____ mé mo chuid airgid aréir agus (cuardaigh) _____ mé an teach ó bhun go barr.

2 (Déan) _____ sé an scrúdú inné ach níor (éirigh) _____ go maith leis ann.

3 (Ceannaigh) _____ sé bronntanas dom ar mo bhreithlá.

4 (Glan) _____ mo chlann an teach an deireadh seachtaine seo caite.

5 (Tosaigh) _____ sé ag cur báistí agus (brostaigh) _____ siad abhaile.

B **Scríobh na habairtí seo a leanas san Aimsir Chaite.**

1 (Fill) _____ mo dheartháir abhaile ón Astráil inné agus (téigh) _____ an chlann ar fad amach go dtí an t-aerfort.

2 Níor (bailigh) _____ an múinteoir na cóipleabhair inné agus mar sin níor (ceartaigh) _____ sé iad.

3 (Déan) _____ Seán dearmad ar a fheisteas spóirt agus (bí) _____ an traenálaí ar buile leis.

4 Ní (téigh) _____ Máire ar scoil ar feadh cúpla lá agus mar sin (caill) _____ sí amach ar a lán ranganna.

5 (Suigh) _____ mé síos aréir agus (féach) _____ mé ar an teilifís.

C **Aistrigh na habairtí seo a leanas go Gaeilge.**

1 We ran down the stairs when we heard the news.

2 He left home at 18 and he never returned.

3 It was raining heavily last night but he didn't listen to the radio and he went out without a coat.

4 The boys threw stones at the Gardaí and because of that they spent an afternoon at the Garda station.

5 I didn't wake in time and I missed my bus.

D **Aistrigh na habairtí seo a leanas go Gaeilge.**

1 He didn't pay for the meal and his friend never invited him again.

2 There was an accident on the road last night when the bus skidded on the ice.

3 Eoin broke a table and chair at school and was in trouble with the principal.

4 He earned 10 euro an hour last year and he bought lots of things with the money.

5 I didn't read the paper and I didn't see the story about the president.

Caibidil 4
Má agus an Aimsir Chaite

- Ciallaíonn má 'if'. Uaireanta leanann an Aimsir Chaite má.
- Ciallaíonn mura / murar 'if not'. Uaireanta leanann an Aimsir Chaite mura / murar.

Samplaí

- Má bhí sé ann inné, chuala sé an scéal ar fad.
- Má dúirt sé é sin, d'inis sé bréag.
- Má d'fhág sé an teach ag a trí, d'fhág sé in am.
- Murar inis sé an fhírinne, d'inis sé bréag.
- Mura raibh sé in am don scoil, bhí sé i dtrioblóid.

Cleachtaí le déanamh

A Athscríobh na habairtí seo a leanas gan na lúibíní.

1 Má (bí) _____ Seán anseo inné, ní (feic) _____ mé é.
2 Má (clois) _____ sé an scéal sin, (déan) _____ sé dearmad air.
3 Mura (déan) _____ sé an obair dá mháthair, (déan) _____ sé é dá athair.
4 Má (abair) _____ an múinteoir é sin, níor (clois) _____ mé é.
5 Má (tar) _____ sé ag a cúig, (bí) _____ sé déanach.

B Athscríobh na habairtí seo a leanas gan na lúibíní.

1 Má (téigh) _____ sí abhaile ag a sé, (ith) _____ sí a dinnéar ansin.
2 Mura (bí) _____ Pádraig anseo inné, níor (buail) _____ sé le Máire.
3 Má (geall) _____ sé carr dó, (tabhair) _____ sé dó é.
4 Má (feic) _____ sé a dheartháir ann, (feic) _____ sé a dheirfiúr freisin.
5 Má (ith) _____ siad an dinnéar sin, (bí) _____ siad cróga.

C Athscríobh na habairtí seo a leanas gan na lúibíní.

1 Má (tarla) _____ timpiste amháin ar an mbóthar sin, (tarla) _____ an iomarca timpistí.

2 Má (díol) _____ sé céad euro ar an madra sin, (faigh) _____ sé margadh maith.

3 Má (téigh) _____ sé ar scoil in am, (faigh) _____ sé réalta ón múinteoir.

4 Mura (bí) _____ Seán ar scoil inné, (bí) _____ sé ag na rásaí.

5 Má (déan) _____ tú an obair sin, (déan) _____ tú obair mhaith.

D Athscríobh na habairtí seo a leanas gan na lúibíní.

1 Murar (clois) _____ Seán an scéal sin ní (bí) _____ sé ag éisteacht.

2 Má (ith) _____ tú trí bhéile (ith) _____ tú an iomarca.

3 Má (déan) _____ tú an obair bhaile in uair amháin níor (caith) _____ tú go leor ama leis.

4 Má (ceannaigh) _____ sí gúna amháin (ceannaigh) _____ sí céad.

5 Má (tar) _____ Máire abhaile ag a sé (bí) _____ sí in am.

E Aistrigh na habairtí seo a leanas go Gaeilge.

1 Úna wasn't at school if she was at the pictures.

2 He paid too much if he paid 20 euro for the book.

3 They came on time if they came at six.

4 He went to the concert if he bought the ticket.

5 She was sick if she wasn't at school.

F Aistrigh na habairtí seo a leanas go Gaeilge.

1 He ate it if she made the dinner.

2 They stayed at home if they didn't go on holidays.

3 He got homework if he was at school.

4 They didn't get homework if they weren't at school.

5 You were silly if you were out in the snow.

Caibidil 5
An Aimsir Láithreach

Úsáideann tú an Aimsir Láithreach nuair atá tú ag caint faoi:
- inniu – na rudaí a dhéanann tú gach lá nó anois
- rudaí a dhéanann tú gach seachtain / gach mí / gach bliain / gach samhradh
- rudaí a tharlaíonn go minic nó go rialta.

An Aimsir Láithreach, An Chéad Réimniú – briathra leathana

Cuir:

–aim	–aimid
–ann tú	–ann sibh / siad
–ann sé / sí	–tar

leis an bhfréamh.

Tóg	Fág	Ól
Tógaim	Fágaim	Ólaim
Tógann tú	Fágann tú	Ólann tú
Tógann sé / sí	Fágann sé / sí	Ólann sé / sí
Tógaimid	Fágaimid	Ólaimid
Tógann sibh	Fágann sibh	Ólann sibh
Tógann siad	Fágann siad	Ólann siad
Tógtar / Ní thógtar	Fágtar / Ní fhágtar	Óltar / Ní óltar
Ní thógaim	Ní fhágaim	Ní ólaim
An dtógann tú?	An bhfágann tú?	An ólann tú?

Riail le foghlaim
- **Ní** an fhoirm dhiúltach san Aimsir Láithreach (ní dhúnaim)
- **An** an fhoirm cheisteach san Aimsir Láithreach (an bhfágann tú?)

Cleachtaí le déanamh

A Scríobh na habairtí seo a leanas san Aimsir Láithreach.

1 (Geall) _____ mo mháthair trí chéad euro dom gach seachtain.
2 (Íoc: sinn) _____ as an mbronntanas dár dtuismitheoirí gach bliain.
3 (Cas) _____ sé lena chara ar scoil gach lá.
4 (Fág) _____ mé an teach ag a hocht gach maidin.
5 (Pós) _____ a lán daoine in Éirinn gach bliain.

B Scríobh na habairtí seo a leanas san Aimsir Láithreach.

1 (Gabh) _____ a sheanmháthair buíochas
leis nuair a thugann sé bronntanas di dá breithlá.
2 (Scrios) _____ mo dheirfiúr bheag an oíche
orm nuair a (fan) _____ sí liom don oíche ar fad.
3 (Fág: sinn) _____ an teach ag a hocht gach
maidin ach fós féin bímid déanach don scoil go minic.
4 Ní (coimeád) _____ mo chara aon bhia dom
agus bíonn díomá orm.
5 (Íoc) _____ sé céad euro ar an ticéad do
cheolchoirm éigin gach samhradh.

C Scríobh na habairtí seo a leanas san Aimsir Láithreach.

1 (Glan) _____ agus (scuab) _____ sé an scoil ó bhun go barr gach
Aoine.
2 Ní (fás) _____ rósanna riamh sa ghairdín sin.
3 (Iarr) _____ an múinteoir orm na cóipleabhair a bhailiú di gach
Céadaoin.
4 Ní (díol) _____ an siopadóir oiread is rud amháin Dé Luain.
5 Beirtear agus (tóg) _____ a lán páistí i gContae na Gaillimhe.

D Scríobh na habairtí seo a leanas san Aimsir Láithreach.

1 (Can) _____ an grúpa ceol álainn ag an gceolchoirm gach Aoine.
2 Gach samhradh (tóg) _____ an garda tarrthála a lán daoine ón
uisce.
3 (Fág) _____ siad an scoil agus (tóg) _____ siad an bus
abhaile beagnach gach lá.
4 (Tóg) _____ m'athair balla ach (leag) _____ an Chomhairle é
gach aon bhliain.
5 Aon uair a bhíonn an féar rófhada (gearr: mé) _____ é ag an deireadh
seachtaine.

E Aistrigh na habairtí seo a leanas go Gaeilge.

1 The shopkeeper sells 20 books every day.
2 My friend leaves hospital today.
3 We clean the house from top to bottom every weekend.
4 My Dad takes a new book home every month.
5 When my little sister cuts her hair it grows back in a few weeks.

F Aistrigh na habairtí seo a leanas go Gaeilge.

1 We don't sing out loud at the concert.
2 They pay 100 euro for the tickets.
3 My mother thinks my essay is great but the teacher doesn't think so.
4 She stays in every Saturday and watches the *X Factor*.
5 He never drinks milk.

An Aimsir Láithreach, An Chéad Réimniú – briathra caola

Cuir:

–im	–imid
–eann tú	–eann sibh / siad
–eann sé / sí	–tear

leis an bhfréamh.

Caith	Fill	Úsáid
Caithim	Fillim	Úsáidim
Caitheann tú	Filleann tú	Úsáideann tú
Caitheann sé / sí	Filleann sé / sí	Úsáideann sé / sí
Caithimid	Fillimid	Úsáidimid
Caitheann sibh	Filleann sibh	Úsáideann sibh
Caitheann siad	Filleann siad	Úsáideann siad
Caitear / Ní chaitear	Filltear / Ní fhilltear	Úsáidtear / Ní úsáidtear
Ní chaithim	Ní fhillim	Ní úsáidim
An gcaitheann tú?	An bhfilleann tú?	An úsáideann tú?

Cleachtaí le déanamh

A **Scríobh na habairtí seo a leanas san Aimsir Láithreach.**

1   Ní (buail) _____ mé le mo chara ar scoil go minic.
2   (Goid) _____ céad míle euro ón mbanc beagnach gach seachtain.
3   Ní (tuill) _____ sé ach fiche
     euro don tseachtain ar fad.
4   Nuair a (léim) _____ an capall
     thar an mballa (rith) _____ an feirmeoir
     ina dhiaidh.
5   (Úsáid: sinn) _____ an fón póca
     nua gach aon lá.

B **Scríobh na habairtí seo a leanas san Aimsir Láithreach.**

1   (Mill) _____ sé an turas ar an rang mar (ól) _____ sé alcól.
2   Ní (tuig) _____ sé an ceacht agus bíonn sé i dtrioblóid leis an
     múinteoir.
3   Ní (géill) _____ an bus ná an carr ag an gcrosbhóthar agus (buail)
     _____ siad in aghaidh a chéile.
4   (Séid) _____ an tiománaí an adharc agus (léim) _____ an coisí
     as an mbealach.
5   Nuair a bhíonn scrúdú pianó agam (seinn: mé) _____ go maith.

C **Scríobh na habairtí seo a leanas san Aimsir Láithreach.**

1   (Caill) _____ mo mháthair a cuid airgid agus (cuir) _____ sí an
     milleán orm.
2   (Teip) _____ orm sa scrúdú agus bíonn díomá an domhain orm.
3   (Blais) _____ sé an bia ach (caith) _____ sé amach as a bhéal é
     láithreach bonn.
4   (Bain) _____ geit as mo chara má fheiceann sí taibhse sa seomra.
5   (Fág: sinn) _____ an teach ag a trí agus (sroich: sinn) _____ an
     pháirc ag an sé.

D **Scríobh na habairtí seo a leanas san Aimsir Láithreach.**

1   (Cuir) _____ Peadar fearg ar an múinteoir gach lá mar ní (éist) _____ sé
     san rang.
2   (Fill) _____ an feall ar an bhfeallaire.
3   (Scaoil) _____ an múinteoir an rang amach ag a trí agus (rith)
     _____ siad abhaile go beo.
4   (Caith) _____ daoine an iomarca ama ag féachaint ar an teilifís.
5   Ní (lig) _____ mo mháthair dom dath a chur i mo chuid gruaige.

Scríobh na habairtí seo a leanas san Aimsir Láithreach.

1   (Caith: mé) _____ trí lá san ospidéal nuair a (tit: mé) _____ den rothar agus (buail) _____ an carr mé.

2   (Bris) _____ sé a shrón nuair a (buail) _____ a chara é.

3   (Troid) _____ na buachaillí sa chlós gach lá.

4   Ní (tuig) _____ sí an ceacht Fraincise agus mar sin (úsáid) _____ sí an foclóir.

5   (Rith) _____ na gadaithe isteach sa siopa, (béic) _____ siad ar na custaiméirí, (cuir) _____ siad ina luí ar an urlár iad agus (goid) _____ siad an t-airgead.

F Aistrigh na habairtí seo a leanas go Gaeilge.

1   He earns 100 euro a week.
2   I don't understand a word in class.
3   They never lose a race at school.
4   She meets her friends in town every night.
5   He steals the bike and puts it in the garage.

G **Aistrigh na habairtí seo a leanas go Gaeilge.**

1   She puts her books in her bag and returns home.
2   I fight with my parents nearly every night.
3   We spend all day in town on Saturday.
4   When they reach the beach they put their swimming togs on.
5   I lose my mobile phone every week.

An Aimsir Láithreach, An Chéad Réimniú
– briathra a chríochnaíonn le '-gh'

Suigh	Pléigh	Buaigh
Suím	Pléim	Buaim
Suíonn tú	Pléann tú	Buann tú
Suíonn sé / sí	Pléann sé / sí	Buann sé / sí
Suímid	Pléimid	Buaimid
Suíonn sibh	Pléann sibh	Buann sibh
Suíonn siad	Pléann siad	Buann siad
Suitear / Ní shuitear	Pléitear / Ní phléitear	Buaitear / Ní bhuaitear
Ní shuím	Ní phléim	Ní bhuaim
An suíonn tú?	An bpléann tú?	An mbuann tú?

Cleachtaí le déanamh

A Scríobh na habairtí seo a leanas san Aimsir Láithreach.

1 (Pléigh: sinn) _____ fadhb an óil sa rang go minic.
2 Ní (nigh) _____ sí í féin go minic agus bíonn boladh uafásach uaithi.
3 (Léigh: sinn) _____ an leabhar sin gach Aoine sa chlub leabhair.
4 Bíonn áthas an domhain orm nuair a (buaigh) _____ m'fhoireann an chraobh.
5 Má bhíonn siad tuirseach traochta (suigh) _____ siad síos ar an bhféar.

B Scríobh na habairtí seo a leanas san Aimsir Láithreach.

1 Aon uair a (luigh) _____ sé siar ar an leaba (tit) _____ a chodladh air.
2 (Glaoigh) _____ mo chara orm ar an bhfón gach oíche.
3 (Guigh) _____ an rang ar son aon duine a bhíonn tinn.
4 Ní (pléigh: mé) _____ an aiste le mo chara.
5 (Buaigh) _____ mo scoil na comórtais spóirt go minic.

C Aistrigh na habairtí seo a leanas go Gaeilge.

1 I read the paper every night.
2 He calls his friend on his mobile phone every day.
3 When she's tired she lies down on the bed.
4 We wash ourselves after the match.
5 That team never ever wins a match.

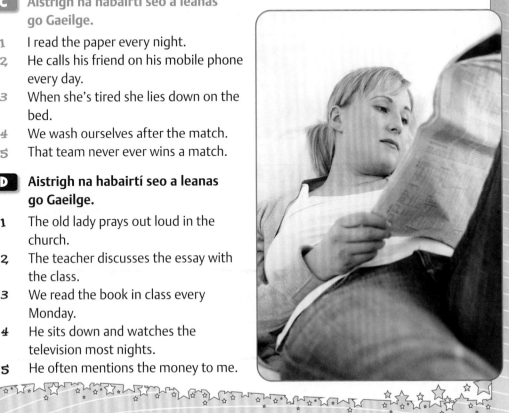

D Aistrigh na habairtí seo a leanas go Gaeilge.

1 The old lady prays out loud in the church.
2 The teacher discusses the essay with the class.
3 We read the book in class every Monday.
4 He sits down and watches the television most nights.
5 He often mentions the money to me.

An Aimsir Láithreach
– briathra le dhá shiolla sa chéad réimniú a chríochnaíonn ar '-áil' nó '-áin'

Sábháil	Tiomáin	Taispeáin
Sábhálaim	Tiomáinim	Taispeánaim
Sábhálann tú	Tiomáineann tú	Taispeánann tú
Sábhálann sé / sí	Tiomáineann sé / sí	Taispeánann sé / sí
Sábhálaimid	Tiomáinimid	Taispeánaimid
Sábhálann sibh	Tiomáineann sibh	Taispeánann sibh
Sábhálann siad	Tiomáineann siad	Taispeánann siad
Sábháiltear / Ní shábháiltear	Tiomáintear / Ní thiomáintear	Taispeántar / Ní thaispeántar
Ní shábhálaim	Ní thiomáinim	Ní thaispeánaim
An sábhálann tú?	An dtiomáineann tú?	An dtaispeánann tú?

*Tabhair faoi deara gur eisceacht é an briathar 'tiomáin' mar go bhfanann sé caol tríd síos.

An Aimsir Láithreach, An Dara Réimniú
– briathra leathana

Bain '**-aigh**' den bhriathar agus cuir:

–aím	–aímid
–aíonn tú	–aíonn sibh / siad
–aíonn sé / sí	–aítear

leis an bhfréamh, m. sh., ceannaigh → ceann → ceannaím.

Ceannaigh
Ceannaím
Ceannaíonn tú
Ceannaíonn sé / sí
Ceannaímid
Ceannaíonn sibh
Ceannaíonn siad
Ceannaítear / Ní cheannaítear
Ní cheannaím
An gceannaíonn tú?

Fostaigh	Ullmhaigh
Fostaím	Ullmhaím
Fostaíonn tú	Ullmhaíonn tú
Fostaíonn sé / sí	Ullmhaíonn sé / sí
Fostaímid	Ullmhaímid
Fostaíonn sibh	Ullmhaíonn sibh
Fostaíonn siad	Ullmhaíonn siad
Fostaítear / Ní fhostaítear	Ullmhaítear / Ní ullmhaítear
Ní fhostaím	Ní ullmhaím
An bhfostaíonn tú?	An ullmhaíonn tú?

Cleachtaí le déanamh

A Scríobh na habairtí seo a leanas san Aimsir Láithreach.

1 Tá an múinteoir tinn agus ní (ceartaigh) _____ sí na cóipleabhair.
2 (Éalaigh) _____ na hainmhithe ón zú go minic.
3 (Brostaigh) _____ an páiste abhaile ón scoil gach tráthnóna.
4 Nuair a bhíonn sioc ar na bóithre (sleamhnaigh) _____ na carranna orthu.
5 Ní (ceannaigh: sinn) _____ aon rud sa siopa nuair nach mbíonn aon airgead againn.

B Scríobh na habairtí seo a leanas san Aimsir Láithreach.

1 (Diúltaigh) _____ mo mháthair aon airgead breise a thabhairt dom mar (caith: mé) _____ an t-airgead ar fad ar mhilseáin.
2 (Gortaigh) _____ an leanbh a cheann nuair a thiteann sé den phram.
3 (Fiafraigh) _____ na Gardaí díom an bhfuil aon eolas agam faoin mbean atá ar iarraidh.
4 (Caill) _____ m'athair a chuid eochracha agus (cuardaigh) _____ sé an teach ó bhun go barr ach ní (aimsigh) _____ sé iad.
5 (Cónaigh) _____ mo mháthair faoin tuath anois.

Scríobh na habairtí seo a leanas san Aimsir Láithreach.

1   Ní (críochnaigh) _____ sé an obair bhaile go luath agus mar sin ní (féach) _____ sé ar an teilifís.

2   (Socraigh: mé) _____ agus mo chairde dul go dtí an phictiúrlann.

3   Aon uair a (mothaigh: mé) _____ brónach (breathnaigh) _____ ar scannán greannmhar.

4   (Diúltaigh) _____ sé aon obair a dhéanamh agus (ordaigh) _____ an múinteoir dó an obair bhaile a dhéanamh arís.

5   (Fiosraigh) _____ agus (scrúdaigh) _____ na Gardaí an suíomh tar éis na robála.

D **Scríobh na habairtí seo a leanas san Aimsir Láithreach.**

1   An (cabhraigh) _____ tú le do thuismitheoirí in aon chor?

2   (Mothaigh) _____ sí an-tinn agus (caith) _____ sí an lá sa leaba.

3   (Tosaigh) _____ an t-aonach saothair ag a trí agus (ceannaigh: mé) _____ a lán earraí éagsúla ann.

4   (Roghnaigh) _____ an múinteoir an buachaill óg don chomórtas agus (mothaigh) _____ sé an-bhródúil.

5   (Brostaigh) _____ sé abhaile agus (ullmhaigh) _____ sé an tae gach lá.

E **Aistrigh na habairtí seo a leanas go Gaeilge.**

1   I prepare well for the test.

2   The child escapes from the house and runs into the garden.

3   The cat kills the mouse in the garden.

4   School doesn't start until ten today.

5   He injures his hand at football every weekend.

F **Aistrigh na habairtí seo a leanas go Gaeilge.**

1   We hurry home because we're late.

2   We live in America every summer.

3   The guards search for the prisoners who escape.

4   My mother buys all her presents for Christmas in November.

5   We cycle to school every week.

E Aistrigh na habairtí seo a leanas go Gaeilge.

1 He sleeps until twelve on Saturday.
2 Kerry plays really well in the final.
3 We fly from Ireland to France on our holidays every year.
4 She doesn't like the restaurant and never goes there.
5 I answer all the questions in the exam.

F Aistrigh na habairtí seo a leanas go Gaeilge.

1 The father carries the child home.
2 I don't like cheese.
3 Ireland doesn't play well in matches in the winter.
4 The shop opens at ten every morning.
5 The robber threatens the shopkeeper.

An Aimsir Láithreach
– briathra neamhrialta

Bí	Bí — An Aimsir Ghnáthláithreach
Táim	Bím
Tá tú / sé / sí	Bíonn tú / sé / sí
Táimid	Bímid
Tá sibh / siad	Bíonn sibh / siad
Táthar / Níltear	Bítear / Ní bhítear
Nílim / Nílimid	Ní bhím / Ní bhímid
An bhfuil tú?	An mbíonn tú?

Abair	Feic
Deirim	Feicim
Deir tú / sé / sí	Feiceann tú / sé / sí
Deirimid	Feicimid
Deir sibh / siad	Feiceann sibh / siad
Deirtear / Ní deirtear	Feictear
Ní deirim / Ní deirimid	Ní fheicim / Ní fheicimid
An ndeir tú?	An bhfeiceann tú?

Faigh

Faighim

Faigheann tú / sé / sí

Faighimid

Faigheann sibh / siad

Faightear / Ní fhaightear

Ní fhaighim / Ní fhaighimid

An bhfaigheann tú?

Téigh

Téim

Téann tú / sé / sí

Téimid

Téann sibh / siad

Téitear / Ní théitear

Ní théim / Ní théimid

An dtéann tú?

Déan

Déanaim

Déanann tú / sé / sí

Déanaimid

Déanann sibh / siad

Déantar / Ní dhéantar

Ní dhéanaim / Ní dhéanaimid

An ndéanann tú?

Beir

Beirim

Beireann tú / sé / sí

Beirimid

Beireann sibh / siad

Beirtear / Ní bheirtear

Ní bheirim / Ní bheirimid

An mbeireann tú?

Clois

Cloisim

Cloiseann tú / sé / sí

Cloisimid

Cloiseann sibh / siad

Cloistear / Ní chloistear

Ní chloisim / Ní chloisimid

An gcloiseann tú?

Ith

Ithim

Itheann tú / sé / sí

Ithimid

Itheann sibh / siad

Itear / Ní itear

Ní ithim / Ní ithimid

An itheann tú?

Tabhair	Tar
Tugaim	Tagaim
Tugann tú / sé / sí	Tagann tú / sé / sí
Tugaimid	Tagaimid
Tugann sibh / siad	Tagann sibh / siad
Tugtar / Ní thugtar	Tagtar / Ní thagtar
Ní thugaim / Ní thugaimid	Ní thagaim / Ní thagaimid
An dtugann tú?	An dtagann tú?

Cleachtaí le déanamh

A Scríobh na habairtí seo a leanas san Aimsir Laithreach.

1 (Téigh: mé) _____ ar scoil ag a hocht a chlog gach maidin.
2 Ní (déan) _____ sé a chuid obair bhaile nuair a (téigh) _____ sé abhaile.
3 (Beir) _____ na Gardaí ar an ngadaí nuair a (clois) _____ siad faoin robáil sa bhanc.
4 (Abair) _____ an múinteoir leis an rang nach bhfuil aon obair bhaile acu.
5 (Feic) _____ sí a cara nuair a (téigh) _____ sí ar cuairt chuici san ospidéal.

B Scríobh na habairtí seo a leanas san Aimsir Láithreach.

1 (Bí) _____ an Taoiseach ar cuairt sa scoil inniu.
2 Ní (faigh: mé) _____ aon bhronntanas ó mo chara ar mo bhreithlá riamh agus (bí) _____ díomá orm.
3 (Tabhair: mé) _____ aire do mo dheartháir beag gach Aoine.
4 (Beir) _____ an leanbh i gContae na Gaillimhe ach (tóg) _____ i mBaile Átha Cliath í.
5 Ní (tar) _____ aon duine go dtí an chóisir agus ní (faigh) _____ sí leithscéal ó éinne.

C   Scríobh na habairtí seo a leanas san Aimsir Láithreach.

1   (Feic) _____ agus (clois) _____ sé a chara ar an mbus gach maidin.

2   Ní (ith: mé) _____ aon bhricfeasta agus (bí) _____ ocras an domhain orm.

3   Ní (déan) _____ sé an obair bhaile in am agus (tabhair) _____ an múinteoir íde béil dó.

4   Ní (abair) _____ sé lena mháthair go mbeidh sé ag fáil tatú.

5   (Téigh) _____ sé abhaile agus (déan) _____ sé a chuid obair bhaile.

D   Scríobh na habairtí seo a leanas san Aimsir Láithreach.

1   (Déan: mé) _____ praiseach den obair agus (bí) _____ na múinteoirí crosta liom.

2   Ní (téigh) _____ siad ag siopadóireacht ach (faigh) _____ siad éadaí nua ar aon nós.

3   Aon uair a (ith) _____ sí an iomarca (bí) _____ sí tinn.

4   (Bí) _____ an teach ina phraiseach nuair a (tar) _____ mo thuismitheoirí abhaile óna gcuid laethanta saoire.

5   Ní (feic) _____ agus ní (clois: mé) _____ aon rud nuair a (téigh) _____ a chodladh.

E   Aistrigh na habairtí seo a leanas go Gaeilge.

1   I don't see my friend at school because she's ill.

2   He gives me a voucher (*dearbhán*) for my birthday and we go into town shopping.

3   My mother says that my room is a mess.

4   The Gardaí catch the robber when he comes out of the bank.

5   I hear the new song on the radio every morning.

F   Aistrigh na habairtí seo a leanas go Gaeilge.

1   Nobody is at school today because of the snow.

2   She doesn't eat enough breakfast and she faints at school.

3   We go to Galway on our holidays but we never go to Donegal.

4   The teacher gives us too much homework and nobody does it.

5   My relations come on a visit at the weekend.

Súil Siar ar an Aimsir Láithreach

A **Scríobh na habairtí seo a leanas san Aimsir Láithreach.**

1 (Caill: mé) _____ mo chuid airgid agus (cuardaigh: mé) _____ an teach ó bhun go barr.
2 (Déan) _____ sé an scrúdú ach ní (éirigh) _____ go maith leis ann.
3 (Ceannaigh) _____ sé bronntanas dom ar mo bhreithlá.
4 (Glan) _____ mo chlann an teach gach deireadh seachtaine.
5 (Tosaigh) _____ sé ag cur báistí agus (brostaigh) _____ siad abhaile.

B **Scríobh na habairtí seo a leanas san Aimsir Láithreach.**

1 (Fill) _____ mo dheartháir abhaile ón Astráil gach Nollaig agus (téigh) _____ an chlann ar fad amach go dtí an t-aerfort.
2 Ní (bailigh) _____ an múinteoir na cóipleabhair agus ní (ceartaigh) _____ sé iad.
3 (Déan) _____ Seán dearmad ar a fheisteas spóirt agus (bí) _____ an traenálaí ar buile leis.
4 Ní (téigh) _____ Máire ar scoil ar feadh cúpla lá agus mar sin (caill) _____ sí amach ar a lán ranganna.
5 (Suigh: mé) _____ síos gach oíche agus (féach: mé) _____ ar an teilifís.

C **Aistrigh na habairtí seo a leanas go Gaeilge.**

1 We run down the stairs when we hear the news.
2 He leaves home at eight every morning and stays out until ten every night.
3 It's raining heavily but he doesn't listen to the radio and he goes out without a coat.
4 The boys throw stones at the Gardaí and because of that they spend an afternoon at the Garda station.
5 I never wake on time for school and so I miss my bus.

D **Aistrigh na habairtí seo a leanas go Gaeilge.**

1 He never pays for a meal and his friends never invite him out.
2 There's ice on the roads and a lot of cars skid.
3 When Eoin breaks a table and chair at school he is in trouble with the principal.
4 He earns 10 euro an hour and he buys lots of things with the money.
5 I don't read the paper and I don't see the story about the president.

Úsáidtear an Aimsir Fháistineach nuair atá tú ag caint faoi:
- rudaí nár tharla go fóill: amárach, anocht, an bhliain seo chugainn, an mhí seo chugainn, arú amárach, ar ball.

An Chéad Réimniú
– briathra leathana

Cuir:

–faidh mé	–faimid
–faidh tú	–faidh sibh / siad
–faidh sé / sí	–far

leis an bhfréamh.

Tóg	Fág	Ól
Tógfaidh mé	Fágfaidh mé	Ólfaidh mé
Tógfaidh tú	Fágfaidh tú	Ólfaidh tú
Tógfaidh sé / sí	Fágfaidh sé / sí	Ólfaidh sé / sí
Tógfaimid	Fágfaimid	Ólfaimid
Tógfaidh sibh	Fágfaidh sibh	Ólfaidh sibh
Tógfaidh siad	Fágfaidh siad	Ólfaidh siad
Tógfar / Ní thógfar	Fágfar / Ní fhágfar	Ólfar / Ní ólfar
Ní thógfaidh mé	Ní fhágfaidh mé	Ní ólfaidh mé
An dtógfaidh tú?	An bhfágfaidh tú?	An ólfaidh tú?

Riail le foghlaim
- **Ní** an fhoirm dhiúltach san Aimsir Fháistineach (ní dhúnfaidh mé)
- **An** an fhoirm cheisteach san Aimsir Fháistineach (an bhfágfaidh tú?)

Cleachtaí le déanamh

A Scríobh na habairtí seo a leanas san Aimsir Fháistineach.

1 (Geall) _____ mo mháthair trí chéad euro dom an tseachtain seo chugainn.

2 (Íoc: sinn) _____ as an mbronntanas dár dtuismitheoirí an bhliain seo chugainn.

3 (Cas) _____ sé lena chara ar scoil amárach.

4 (Fág) _____ mé an teach ag a hocht maidin amárach.

5 (Pós) _____ a lán daoine in Éirinn an bhliain seo chugainn.

B Scríobh na habairtí seo a leanas san Aimsir Fháistineach.

1 (Gabh) _____ a sheanmháthair buíochas leis má thugann sé bronntanas di dá breithlá.

2 (Gearr) _____ an fear na bláthanna ar fad agus (scrios) _____ sé an gairdín.

3 (Fág: sinn) _____ an teach ag a hocht maidin amárach.

4 Ní (coimeád) _____ mo chara aon bhia dom agus beidh díomá orm.

5 (Íoc) _____ sé céad euro ar an ticéad do cheolchoirm éigin an samhradh seo chugainn.

C Scríobh na habairtí seo a leanas san Aimsir Fháistineach.

1 (Glan) _____ agus (scuab) _____ sé an scoil ó bhun go barr Dé hAoine seo chugainn.

2 Ní (fás) _____ rósanna riamh sa ghairdín sin.

3 (Iarr) _____ an múinteoir orm na cóipleabhair a bhailiú di Dé Céadaoin.

4 Ní (díol) _____ an siopadóir oiread is rud amháin Dé Luain seo chugainn.

5 Béarfar agus (tóg) _____ an páiste i gContae na Gaillimhe.

D Scríobh na habairtí seo a leanas san Aimsir Fháistineach.

1 (Can) _____ an grúpa ceol álainn ag an gceolchoirm Dé hAoine seo chugainn.

2 (Tóg) _____ an garda tarrthála a lán daoine ón uisce an samhradh seo chugainn.

3 (Fág) _____ siad an scoil agus (tabhair) _____ siad an bus abhaile amárach.

4 (Tóg) _____ m'athair balla ach (leag) _____ an Chomhairle é.

5 (Gearr) _____ mé an féar ag an deireadh seachtaine.

1   The shopkeeper will sell 20 books tomorrow.
2   My friend will leave hospital soon.
3   We will clean the house from top to bottom next weekend.
4   My dad will take a new dog home next month.
5   If my little sister cuts her hair it will grow back in a few weeks.

F   Aistrigh na habairtí seo a leanas go Gaeilge.

1   We won't sing out loud at the concert.
2   They will pay 100 euro for the tickets.
3   My mother will think my essay is great but the teacher won't think so.
4   She will stay in every Saturday and watch the *X Factor*.
5   He will never drink milk.

An Chéad Réimniú – briathra caola

Cuir:

–fidh mé	–fimid
–fidh tú	–fidh sibh / siad
–fidh sé / sí	–fear

leis an bhfréamh.

Caith	Fill	Úsáid
Caithfidh mé	Fillfidh mé	Úsáidfidh mé
Caithfidh tú	Fillfidh tú	Úsáidfidh tú
Caithfidh sé / sí	Fillfidh sé / sí	Úsáidfidh sé / sí
Caithfimid	Fillfimid	Úsáidfimid
Caithfidh sibh	Fillfidh sibh	Úsáidfidh sibh
Caithfidh siad	Fillfidh siad	Úsáidfidh siad
Caithfear / Ní chaithfear	Fillfear / Ní fhillfear	Úsáidfear / Ní úsáidfear
Ní chaithfidh mé	Ní fhillfidh mé	Ní úsáidfidh mé
An gcaithfidh tú?	An bhfillfidh tú?	An úsáidfidh tú?

Cleachtaí le déanamh

A **Scríobh na habairtí seo a leanas san Aimsir Fháistineach.**

1   Ní (buail) _____ mé le mo chara ar scoil amárach.
2   (Goid) _____ céad míle euro ón mbanc an tseachtain seo chugainn.
3   Ní (tuill) _____ sé ach fiche euro don tseachtain ar fad.
4   Nuair a (léim) _____ an capall thar an mballa (rith) _____ an feirmeoir ina dhiaidh.
5   (Úsáid: sinn) _____ an fón póca nua má fhaighimid ceann.

B **Scríobh na habairtí seo a leanas san Aimsir Fháistineach.**

1   (Mill) _____ sé an turas ar an rang mar (ól) _____ sé alcól.
2   Ní (tuig) _____ sé an ceacht agus beidh sé i dtrioblóid leis an múinteoir.
3   Ní (géill) _____ an bus ná an carr ag an gcrosbhóthar agus (buail) _____ siad in aghaidh a chéile.
4   (Séid) _____ an tiománaí an adharc agus (léim) _____ an coisí as an mbealach.
5   Nuair a bheidh scrúdú pianó agam (seinn) _____ mé go maith.

C **Scríobh na habairtí seo a leanas san Aimsir Fháistineach.**

1   (Caill) _____ mo mháthair a cuid airgid agus (cuir) _____ sí an milleán orm.
2   (Teip) _____ orm sa scrúdú agus beidh díomá an domhain orm.
3   (Blais) _____ sé an bia ach (caith) _____ sé amach as a bhéal é láithreach bonn.
4   (Bain) _____ geit as mo chara má fheiceann sí taibhse sa seomra.
5   (Fág: sinn) _____ an teach ag a trí agus (sroich: sinn) _____ an pháirc ag an sé.

D **Scríobh na habairtí seo a leanas san Aimsir Fháistineach.**

1   (Caith) _____ mé trí lá san ospidéal nuair a (tit) _____ mé den rothar agus (buail) _____ an carr mé.
2   (Bris) _____ sé a shrón nuair a (buail) _____ a chara é.
3   (Troid) _____ na buachaillí sa chlós amárach.
4   Ní (tuig) _____ sí an ceacht Fraincise agus mar sin (úsáid) _____ sí an foclóir.
5   (Rith) _____ na gadaithe isteach sa siopa, (béic) _____ siad ar na custaiméirí, (cuir) _____ siad ina luí ar an urlár iad agus (goid) _____ siad an t-airgead.

E   Aistrigh na habairtí seo a leanas go Gaeilge.

1. He will earn 100 euro a week.
2. I won't understand a word in class tomorrow.
3. They will never lose a race at school.
4. She will meet her friends in town tomorrow night.
5. He will steal the bike and put it in the garage.

F   Aistrigh na habairtí seo a leanas go Gaeilge.

1. She will put her books in her bag and return home.
2. I will fight with my parents tomorrow.
3. We will spend all day in town on Saturday.
4. When they reach the beach they will put their swimming togs on.
5. I will lose my mobile phone next week.

An Chéad Réimniú
– briathra a chríochnaíonn le '-gh'

Suigh	Pléigh	Buaigh
Suífidh mé	Pléifidh mé	Buafaidh mé
Suífidh tú	Pléifidh tú	Buafaidh tú
Suífidh sé / sí	Pléifidh sé / sí	Buafaidh sé / sí
Suífimid	Pléifimid	Buafaimid
Suífidh sibh	Pléifidh sibh	Buafaidh sibh
Suífidh siad	Pléifidh siad	Buafaidh siad
Suífear / Ní shuífear	Pléifear / Ní phléifear	Buafar / Ní bhuafar
Ní shuífidh mé	Ní phléifidh mé	Ní bhuafaidh mé
An suífidh tú?	An bpléifidh tú?	An mbuafaidh tú?

Cleachtaí le déanamh

A   **Scríobh na habairtí seo a leanas san Aimsir Fháistineach.**

1. (Pléigh: sinn) _____ fadhb an óil sa rang amárach.
2. Ní (nigh) _____ sí í féin agus beidh boladh uafásach uaithi.
3. (Léigh: sinn) _____ an leabhar sin Dé hAoine seo chugainn sa chlub leabhair.
4. Beidh áthas an domhain orm nuair a (buaigh) _____ m'fhoireann an chraobh.
5. Má bhíonn siad tuirseach traochta (suigh) _____ siad síos.

B   **Scríobh na habairtí seo a leanas san Aimsir Fháistineach.**

1. (Luigh) _____ sé siar ar an leaba agus (tit) _____ a chodladh air.
2. (Glaoigh) _____ mo chara orm ar an bhfón san oíche amárach.
3. (Guigh) _____ an rang ar son aon duine a bheidh tinn.
4. Ní (pléigh) _____ mé an aiste le mo chara.
5. (Buaigh) _____ mo scoil na comórtais spóirt an deireadh seachtaine seo chugainn.

C   **Aistrigh na habairtí seo a leanas go Gaeilge.**

1. I will read the paper tomorrow night.
2. He will call his friend on his mobile phone tomorrow.
3. She will lie down when she's tired.
4. We will wash ourselves after the match.
5. That team will never ever win a match.

D   **Aistrigh na habairtí seo a leanas go Gaeilge.**

1. The old lady will pray out loud in the church.
2. The teacher will discuss the essay with the class.
3. We will read the book in class next Monday.
4. He will sit down and watch television tomorrow.
5. He will mention the money to me.

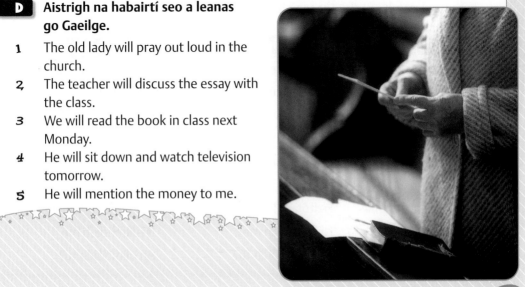

An Aimsir Fháistineach
– briathra le dhá shiolla sa chéad réimniú a chríochnaíonn ar '-áil' nó '-áin'

Sábháil	*Tiomáin	Taispeáin
Sábhálfaidh mé	Tiomáinfidh mé	Taispeánfaidh mé
Sábhálfaidh tú	Tiomáinfidh tú	Taispeánfaidh tú
Sábhálfaidh sé / sí	Tiomáinfidh sé / sí	Taispeánfaidh sé / sí
Sábhálfaimid	Tiomáinfimid	Taispeánfaimid
Sábhálfaidh sibh	Tiomáinfidh sibh	Taispeánfaidh sibh
Sábhálfaidh siad	Tiomáinfidh siad	Taispeánfaidh siad
Sábhálfar / Ní shábhálfar	Tiomáinfear / Ní thiomáinfear	Taispeánfar /Ní thaispeánfar
Ní shábhálfaidh mé	Ní thiomáinfidh mé	Ní thaispeánfaidh mé
An sábhálfaidh tú?	An dtiomáinfidh tú?	An dtaispeánfaidh tú?

*Tabhair faoi deara gur eisceacht é an briathar 'tiomáin' mar go bhfanann sé caol tríd síos.

An Dara Réimniú
– briathra leathana

Bain '-aigh' den bhriathar agus cuir:

–óidh mé	–óimid
–óidh tú	–óidh sibh / siad
–óidh sé / sí	–ófar

leis an bhfréamh, m. sh., ceannaigh → ceann→ ceannóidh mé.

Ceannaigh	Fostaigh	Ullmhaigh
Ceannóidh mé	Fostóidh mé	Ullmhóidh mé
Ceannóidh tú	Fostóidh tú	Ullmhóidh tú
Ceannóidh sé / sí	Fostóidh sé / sí	Ullmhóidh sé / sí
Ceannóimid	Fostóimid	Ullmhóimid
Ceannóidh sibh	Fostóidh sibh	Ullmhóidh sibh
Ceannóidh siad	Fostóidh siad	Ullmhóidh siad
Ceannófar / Ní cheannófar	Fostófar / Ní fhostófa	Ullmhófar / Ní ullmhófar
Ní cheannóidh mé	Ní fhostóidh mé	Ní ullmhóidh mé
An gceannóidh tú?	An bhfostóidh tú?	An ullmhóidh tú?

Cleachtaí le déanamh

A **Scríobh na habairtí seo a leanas san Aimsir Fháistineach.**

1 Beidh an múinteoir tinn agus ní (ceartaigh) _____ sí na cóipleabhair.
2 (Éalaigh) _____ na hainmhithe ón zú amárach.
3 (Brostaigh) _____ an páiste abhaile ón scoil tráthnóna amárach.
4 Má bhíonn sioc ar na bóithre (sleamhnaigh) _____ na carranna orthu.
5 Ní (ceannaigh: sinn) _____ aon rud sa siopa nuair nach mbeidh aon airgead againn.

B **Scríobh na habairtí seo a leanas san Aimsir Fháistineach.**

1 (Diúltaigh) _____ mo mháthair aon airgead breise a thabhairt dom mar (caith: mé) _____ an t-airgead ar fad ar mhilseáin.
2 (Gortaigh) _____ an leanbh a cheann nuair a (tit) _____ sé den phram.
3 (Ullmhaigh) _____ mé go maith don scrúdú amárach.
4 (Caill) _____ m'athair a chuid eochracha agus (cuardaigh) _____ sé an teach ó bhun go barr ach ní (aimsigh) _____ sé iad.
5 (Cónaigh) _____ mo mháthair faoin tuath an bhliain seo chugainn.

C **Scríobh na habairtí seo a leanas san Aimsir Fháistineach.**

1 Ní (críochnaigh) _____ sé an obair bhaile go luath agus mar sin ní (féach) _____ sé ar an teilifís.
2 (Socraigh) _____ mé agus mo chairde dul go dtí an phictiúrlann.
3 Aon uair a (mothaigh) _____ mé brónach (breathnaigh) _____ mé ar scannán greannmhar.
4 (Diúltaigh) _____ sé aon obair a dhéanamh agus (ordaigh) _____ an múinteoir dó an obair bhaile a dhéanamh arís.
5 (Fiosraigh) _____ agus (scrúdaigh) _____ na Gardaí an suíomh tar éis na robála.

D **Scríobh na habairtí seo a leanas san Aimsir Fháistineach.**

1 An (cabhraigh) _____ tú le do thuismitheoirí amárach?
2 (Mothaigh) _____ sí an-tinn agus (caith) _____ sí an lá sa leaba.
3 (Tosaigh) _____ an t-aonach saothair ag a trí agus (ceannaigh) _____ mé a lán earraí éagsúla ann.
4 (Roghnaigh) _____ an múinteoir an buachaill óg don chomórtas agus (mothaigh) _____ sé an-bhródúil.

Aistrigh na habairtí seo a leanas go Gaeilge.

1   I will prepare well for the test.
2   The child will escape from the house and run into the garden.
3   The cat will kill the mouse in the garden.
4   School won't start until ten tomorrow.
5   He will injure his hand at football next weekend.

F **Aistrigh na habairtí seo a leanas go Gaeilge.**

1   We will hurry home because we'll be late.
2   We will live in America next summer.
3   The guards will search for the prisoners who escape.
4   My mother will buy all her presents for Christmas in November.
5   We will cycle to school next week.

An Dara Réimniú
– briathra caola

Bain '**-igh**' den bhriathar agus cuir:

–eoidh mé	–eoimid
–eoidh tú	–eoidh sibh / siad
–eoidh sé / sí	–eofar

leis an bhfréamh, m. sh., cuidigh ➤ cuid ➤ cuideoidh mé.

Cuidigh	Cuimhnigh	Oibrigh
Cuideoidh mé	Cuimhneoidh mé	Oibreoidh mé
Cuideoidh tú	Cuimhneoidh tú	Oibreoidh tú
Cuideoidh sé / sí	Cuimhneoidh sé / sí	Oibreoidh sé / sí
Cuideoimid	Cuimhneoimid	Oibreoimid
Cuideoidh sibh	Cuimhneoidh sibh	Oibreoidh sibh
Cuideoidh siad	Cuimhneoidh siad	Oibreoidh siad
Cuideofar / Ní chuideofar	Cuimhneofar / Ní chuimhneofar	Oibreofar / Ní oibreofar
Ní chuideoidh mé	Ní chuimhneoidh mé	Ní oibreoidh mé
An gcuideoidh tú?	An gcuimhneoidh tú?	An oibreoidh tú?

Cleachtaí le déanamh

A Scríobh na habairtí seo a leanas san Aimsir Fháistineach.

1 (Bailigh) _____ mé na cuairteoirí ón traein Dé Sathairn seo chugainn.
2 Ní (éirigh) _____ siad in am agus (imigh) _____ an bus gan iad.
3 (Foilsigh) _____ an scoil leabhar na bliana an samhradh seo chugainn.
4 (Cóirigh: sinn) _____ na leapacha agus (imigh: sinn) _____ amach ansin.
5 (Imigh) _____ na cailíní ar scoil go luath amárach.

B Scríobh na habairtí seo a leanas san Aimsir Fháistineach.

1 Ní (cóirigh) _____ sé a leaba ar maidin agus (éirigh) _____ a mháthair feargach leis.
2 Ní (dúisigh) _____ mé in am amárach agus beidh mé déanach.
3 (Impigh) _____ mé ar mo chara iasacht airgid a thabhairt dom ach (diúltaigh) _____ sí.
4 Ní (oibrigh) _____ sé go dian agus ní (éirigh) _____ leis ina chuid scrúduithe.
5 Ní (cuimhnigh) _____ sí ar bhreithlá a máthar agus (maslaigh) _____ sí í.

C Scríobh na habairtí seo a leanas san Aimsir Fháistineach.

1 (Aistrigh) _____ mé an leabhar Béarla go Gaeilge.
2 (Oibrigh) _____ sé go dian agus (éirigh) _____ go hiontach leis.
3 (Bailigh) _____ siad a lán airgid i gcomhair Goal an Nollaig seo chugainn.
4 Ní (dúisigh) _____ mé in am ach (éirigh) _____ liom an scoil a shroichint in am.
5 (Cóirigh) _____ sí a leaba agus (glan) _____ sí a seomra codlata an deireadh seachtaine seo chugainn.

D Scríobh na habairtí seo a leanas san Aimsir Fháistineach.

1 An (foghlaim) _____ siad tada ar scoil amárach?
2 Ní (foilsigh) _____ an nuachtán an scéal faoin bpolaiteoir sin ach (craol) _____ TV3 an scéal.
3 Nuair a (stop) _____ an bus (tuirling) _____ na paisinéirí go léir de agus (imigh) _____ siad abhaile.
4 (Éirigh) _____ liom sa scrúdú mar (dírigh) _____ mé ar an obair.
5 (Imigh) _____ an buachaill óg abhaile ar nós na gaoithe má fheiceann sé madra mór.

E Aistrigh na habairtí seo a leanas go Gaeilge.

1. We will work very hard all year.
2. They will go home at four o'clock tomorrow afternoon.
3. I will wake at eight tomorrow morning.
4. She will make the bed in the afternoon.
5. He will remember his friend's birthday.

F Aistrigh na habairtí seo a leanas go Gaeilge.

1. He will never work.
2. I will not get up until eleven on Saturday.
3. The teacher will collect the copies tomorrow.
4. They will beg their mother to let them go to the pictures.
5. He will go out every day.

An Dara Réimniú
– briathra a chríochnaíonn le '-ir', '-ail', '-is', '-il'

Coimriú: cailliúint guta(í) nó siolla ó lár focail.

Bain an **guta nó gutaí deireanacha** den bhriathar agus cuir:

–óidh mé nó –eoidh mé   –óimid nó –eoimid
–óidh tú nó –eoidh tú   –óidh sibh / siad nó –eoidh sibh / siad
–óidh sé / sí nó –eoidh sé / sí   –ófar nó –eofar

leis an bhfréamh, m. sh., codail → codl → codlóidh mé.

Codail	Freagair	Inis
Codlóidh mé	Freagróidh mé	Inseoidh mé
Codlóidh tú	Freagróidh tú	Inseoidh tú
Codlóidh sé / sí	Freagróidh sé / sí	Inseoidh sé / sí
Codlóimid	Freagróimid	Inseoimid
Codlóidh sibh	Freagróidh sibh	Inseoidh sibh
Codlóidh siad	Freagróidh siad	Inseoidh siad
Codlófar / Ní chodlófar	Freagrófar / Ní fhreagrófar	Inseofar / Ní inseofar
Ní chodlóidh mé	Ní fhreagróidh mé	Ní inseoidh mé
An gcodlóidh tú?	An bhfreagróidh tú?	An inseoidh tú?

Cleachtaí le déanamh

A Scríobh na habairtí seo a leanas san Aimsir Fháistineach.

1 (Fógair) _____ an múinteoir go mbeidh leath lae againn go luath.
2 (Iompair) _____ an fear an buachaill óg ar a dhroim.
3 Ní (labhair) _____ mo chara liom má bhíonn drochaoibh uirthi.
4 (Oscail) _____ an bhean an doras agus (éalaigh) _____ na lasracha.
5 (Ceangail) _____ sé an madra den chuaille má théann sé isteach sa siopa.

B Scríobh na habairtí seo a leanas san Aimsir Fháistineach.

1 (Eitil) _____ mé ó Bhaile Átha Cliath go Londain an samhradh seo chugainn.
2 (Imir: sinn) _____ cluiche iontach an deireadh seachtaine seo chugainn.
3 (Cosain) _____ an teach nua milliún euro.
4 (Bagair) _____ an feirmeoir a mhadra ar na buachaillí dána.
5 Ní (aithin) _____ a seanmháthair í mar nach bhfuil radharc na súl go maith aici.

C Scríobh na habairtí seo a leanas san Aimsir Fháistineach.

1 (Freagair) _____ mé an cheist a chuirfidh an múinteoir orm.
2 Ní (oscail) _____ sí an bronntanas go dtí oíche amárach.
3 (Eitil) _____ mé go Gaillimh ó Bhaile Átha Cliath an samhradh seo chugainn.
4 Ní (imir: sinn) _____ aon chluiche sa gheimhreadh.
5 (Aithin) _____ siad a ngaolta nuair a thiocfaidh siad ar saoire.

D Scríobh na habairtí seo a leanas san Aimsir Fháistineach.

1 (Cosain) _____ an scáth fearthainne mé ón mbáisteach.
2 (Codail) _____ siad go sámh anocht.
3 An (inis) _____ Seán bréag duit amárach?
4 (Labhair) _____ an múinteoir leis an rang maidin amárach faoin obair bhaile.
5 Ní (freagair) _____ sí an cheist agus beidh fearg ar an múinteoir.

E Aistrigh na habairtí seo a leanas go Gaeilge.

1 He will sleep until twelve next Saturday.
2 Kerry will play really well in the final.
3 We will fly from Ireland to France on our holidays next year.
4 She doesn't like the restaurant and will never go there.
5 I will answer all the questions in the exam.

F Aistrigh na habairtí seo a leanas go Gaeilge.

1 The father will carry the child home.
2 He will recognise his friend tomorrow.
3 Ireland won't play well in matches in the winter.
4 The shop will open at ten tomorrow morning.
5 The robber will threaten the shopkeeper.

An Aimsir Fháistineach – briathra neamhrialta

Bí	Abair
Beidh mé / tú / sé / sí	Déarfaidh mé / tú / sé / sí
Beimid	Déarfaimid
Beidh sibh / siad	Déarfaidh sibh / siad
Beifear / Ní bheifear	Déarfar / Ní déarfar
Ní bheidh mé / Ní bheimid	Ní déarfaidh mé / Ní déarfaimid
An mbeidh tú?	An ndéarfaidh tú?

Faigh	
Gheobhaidh mé / tú / sé / sí	Ní bhfaighidh mé / tú / sé / sí
Gheobhaimid	Ní bhfaighimid
Gheobhaidh sibh / siad	Ní bhfaighidh sibh / siad
Gheofar / Ní bhfaighfear	An bhfaighidh mé / An bhfaighimid?

Feic	Téigh
Feicfidh mé / tú / sé / sí	Rachaidh mé / tú / sé / sí
Feicfimid	Rachaimid
Feicfidh sibh / siad	Rachaidh sibh / siad
Feicfear / Ní fheicfear	Rachfar / Ní rachfar
Ní fheicfidh mé / Ní fheicfimid	Ní rachaidh mé / Ní rachaimid
An bhfeicfidh tú?	An rachaidh tú?

Déan	Beir
Déanfaidh mé / tú / sé / sí	Béarfaidh mé / tú / sé / sí /
Déanfaimid	Béarfaimid
Déanfaidh sibh / siad	Béarfaidh sibh / siad
Déanfar / Ní dhéanfar	Béarfar / Ní bhéarfar
Ní dhéanfaidh mé / Ní dhéanfaimid	Ní bhéarfaidh me / Ní bhéarfaimid
An ndéanfaidh tú?	An mbéarfaidh tú?

Clois	Ith
Cloisfidh mé / tú / sé / sí	Íosfaidh mé / tú / sé / sí
Cloisfimid	Íosfaimid
Cloisfidh sibh / siad	Íosfaidh sibh / siad
Cloisfear / Ní chloisfear	Íosfar / Ní íosfar
Ní chloisfidh mé / Ní chloisfimid	Ní íosfaidh mé / Ní íosfaimid
An gcloisfidh tú?	An íosfaidh tú?

Tabhair	Tar
Tabharfaidh mé / tú / sé / sí	Tiocfaidh mé / tú / sé / sí
Tabharfaimid	Tiocfaimid
Tabharfaidh sibh / siad	Tiocfaidh sibh / siad
Tabharfar / Ní thabharfar	Tiocfar / Ní thiocfar
Ní thabharfaidh mé / Ní thabharfaimid	Ní thiocfaidh mé / Ní thiocfaimid
An dtabharfaidh tú?	An dtiocfaidh tú?

Cleachtaí le déanamh

A Scríobh na habairtí seo a leanas san Aimsir Fháistineach.

1 (Téigh) _____ mé ar scoil ag a hocht a chlog maidin amárach.
2 Ní (déan) _____ sé a chuid obair bhaile nuair a (téigh) _____ sé abhaile.
3 (Beir) _____ na Gardaí ar an ngadaí nuair a (clois) _____ siad faoin robáil sa bhanc.
4 (Abair) _____ an múinteoir leis an rang nach mbeidh aon obair bhaile acu.
5 (Feic) _____ sí a cara nuair a (téigh) _____ sí ar cuairt chuici.

B Scríobh na habairtí seo a leanas san Aimsir Fháistineach.

1 (Bí) _____ an Taoiseach ar cuairt sa scoil amárach.
2 Ní (faigh) _____ mé aon bhronntanas ó mo chara ar mo bhreithlá.
3 (Tabhair) _____ mé aire do mo dhearthár beag Dé hAoine seo chugainn.
4 (Beir) _____ an leanbh i gContae na Gaillimhe ach (tóg) _____ i mBaile Átha Cliath í.
5 Ní (tar) _____ aon duine go dtí an chóisir agus ní (faigh) _____ sí leithscéal ó éinne.

C Scríobh na habairtí seo a leanas san Aimsir Fháistineach.

1 (Feic) _____ agus (clois) _____ sé a chara ar an mbus maidin amárach.
2 Ní (ith) _____ mé aon bhricfeasta agus (bí) _____ ocras an domhain orm.
3 Ní (déan) _____ sé an obair bhaile in am agus (tabhair) _____ an múinteoir íde béil dó.
4 Ní (abair) _____ sé lena mháthair go mbeidh sé ag fáil tatú.
5 (Téigh) _____ sé abhaile agus (déan) _____ sé a chuid oibre.

D Scríobh na habairtí seo a leanas san Aimsir Fháistineach.

1 (Déan) _____ mé praiseach den obair agus (bí) _____ na múinteoirí crosta liom.
2 Ní (téigh) _____ siad ag siopadóireacht ach (faigh) _____ siad éadaí nua ar aon nós.
3 (Ith) _____ sí an iomarca agus (bí) _____ sí tinn.
4 (Bí) _____ an teach ina phraiseach nuair a (tar) _____ mo thuismitheoirí abhaile óna gcuid laethanta saoire.
5 Ní (feic) _____ mé agus ní (clois) _____ mé aon rud nuair a (téigh) _____ mé a chodladh.

E Scríobh na habairtí seo a leanas san Aimsir Fháistineach.

1 (Téigh) _____ mé amach le mo chairde amárach agus (ceannaigh) _____ mé éadaí nua.

2 (Beir) _____ na Gardaí ar na gadaithe go luath.

3 Ní (faigh) _____ mé aon obair bhaile ar mo bhreithlá.

4 (Déan) _____ sé praiseach den obair agus (bí) _____ sé i dtrioblóid.

5 Ní (tabhair) _____ mé aon airgead do mo dhearthár riamh arís.

F Aistrigh na habairtí seo a leanas go Gaeilge.

1 I won't see my friend at school tomorrow because she will go to Spain.

2 He will give me a voucher (*dearbhán*) for my birthday and we will go into town shopping.

3 My mother will say that my room is a mess.

4 The Gardaí will catch the robber when he comes out of the bank.

5 I will hear the new song on the radio tomorrow.

G Aistrigh na habairtí seo a leanas go Gaeilge.

1 Nobody will be at school tomorrow because it will be snowing.

2 She won't eat enough breakfast and she will faint at school.

3 We will go to Galway on our holidays but we will never go to Donegal.

4 The teacher will give us too much homework and nobody will do it.

5 My relations will come on a visit at the weekend.

Súil Siar ar an Aimsir Fháistineach

A Scríobh na habairtí seo a leanas san Aimsir Fháistineach.

1 (Caill) _____ mé mo chuid airgid agus (cuardaigh) _____ mé an teach ó bhun go barr.

2 (Déan) _____ sé an scrúdú ach ní (éirigh) _____ go maith leis ann.

3 (Ceannaigh) _____ sé bronntanas dom ar mo bhreithlá.

4 (Glan) _____ mo chlann an teach an deireadh seachtaine seo chugainn.

5 (Tosaigh) _____ sé ag cur báistí agus (brostaigh) _____ siad abhaile.

B Scríobh na habairtí seo a leanas san Aimsir Fháistineach.

1 (Fill) _____ mo dheartháir abhaile ón Astráil an Nollaig seo chugainn agus (téigh) _____ an chlann ar fad amach go dtí an t-aerfort.

2 Ní (bailigh) _____ an múinteoir na cóipleabhair agus ní (ceartaigh) _____ sé iad.

3 (Déan) _____ Seán dearmad ar a fheisteas spóirt amárach agus (bí) _____ an traenálaí ar buile leis.

4 Ní (téigh) _____ Máire ar scoil ar feadh cúpla lá an mhí seo chugainn agus mar sin (caill) _____ sí amach ar a lán ranganna.

5 (Suigh) _____ mé síos anocht agus (féach) _____ mé ar an teilifís.

C Aistrigh na habairtí seo a leanas go Gaeilge.

1 We will run down the stairs when we hear the news.

2 He will leave home at eight tomorrow morning and he will stay out until ten.

3 It will be raining heavily so he will put on a coat.

4 The boys will throw stones at the Gardaí and because of that they will spend an afternoon at the Garda station.

5 I won't wake on time for school tomorrow and so I will miss my bus.

D Aistrigh na habairtí seo a leanas go Gaeilge.

1 He will meet his friends in town at the weekend.

2 A lot of cars will skid on the ice next winter.

3 Eoin will break a table and chair at school and will be in trouble with the principal.

4 He will earn 10 euro an hour and will buy lots of things with the money.

5 I won't read the paper and I won't see the story about the president.

Caibidil 7

Má agus an Aimsir Láithreach agus an Aimsir Fháistineach

- Ciallaíonn má 'if'. Uaireanta leanann an Aimsir Láithreach má agus bíonn an dara briathar san abairt san Aimsir Láithreach nó san Aimsir Fháistineach.
- Ciallaíonn mura 'if not'. Uaireanta leanann an Aimsir Láithreach mura agus bíonn an dara briathar san abairt san Aimsir Láithreach nó san Aimsir Fháistineach.
- Leanann séimhiú má agus leanann urú mura.

Samplaí

- Má fhaigheann sé airgead caitheann sé é.
- Mura gceannaíonn sé milseáin ceannaíonn sé seacláid.
- Má thagann sé in am tabharfaidh mé an leabhar dó.
- Mura bhfágann sé anois ní shroichfidh sé an scoil in am.

Cleachtaí le déanamh

A **Athscríobh na habairtí seo gan na lúibíní.**

1 Má (clois) _____ mo mháthair an chaint sin (bí) _____ mé i dtrioblóid.
2 Má (tar) _____ mo dheartháir abhaile le fáinne ina shrón (téigh) _____ m'athair as a mheabhair.
3 Mura (déan) _____ Máire a cuid obair bhaile (cuir) _____ an múinteoir fios ar a tuismitheoirí.
4 Má (bris) _____ sé an fhuinneog (tar) _____ na Gardaí.
5 Mura (fiosraigh) _____ na Gardaí an suíomh ní (faigh) _____ siad amach cad a tharla.

B **Athscríobh na habairtí seo gan na lúibíní.**

1 Má (tosaigh) _____ sé ag staidéar anois (éirigh) _____ leis sna scrúduithe.
2 Má (faigh) _____ an páiste milseáin (ith) _____ sé iad go tapaidh.
3 Mura (tuill) _____ sé an t-airgead ní (ceannaigh) _____ sé carr nua.
4 Má (fág) _____ sé an baile ní (tar) _____ sé ar ais.
5 Má (clois: mé) _____ an scéal sin arís (tit) _____ mé i mo chodladh.

C   **Athscríobh na habairtí seo gan na lúibíní.**

1   Má (gortaigh) _____ sé a chos ní (imir) _____ sé ar an Satharn.

2   Mura (freagair) _____ sé an cheist (bí) _____ sé i dtrioblóid.

3   Má (bí) _____ sé déanach arís (caill) _____ sé a phost.

4   Má (glan) _____ sé an teach (faigh) _____ sé cead dul amach.

5   Mura (ith) _____ sé an iomarca ní (bí) _____ sé tinn.

D   **Athscríobh na habairtí seo a leanas gan na lúibíní.**

1   Má (téigh) _____ Colm ann arís (bí) _____ sé i dtrioblóid.

2   Mura (stop) _____ na páistí ag screadaíl (faigh) _____ an múinteoir tinneas cinn.

3   Má (ceannaigh) _____ siad an carr nua (tiomáin) _____ siad faoin tuath ann.

4   Mura (déan) _____ sé an obair bhaile in am (tabhair) _____ an múinteoir amach dó.

5   Má (caill) _____ Aoife fón póca eile ní (lig) _____ a tuismitheoirí di ceann eile a cheannach.

E   **Athscríobh na habairtí seo a leanas gan na lúibíní.**

1   Má (tosaigh) _____ sé ag cur báistí amárach (cuir) _____ an múinteoir an turas ar ceal.

2   Mura (tosaigh) _____ an rang ag obair go luath (teip) _____ orthu sa scrúdú.

3   Má (bris) _____ an carr síos arís (ceannaigh) _____ m'athair ceann nua.

4   Má (scríobh) _____ sí an aiste is fearr (faigh) _____ sí duais.

5   (Íoc) _____ sé as an mbéile má (tabhair) _____ a athair an t-airgead dó.

F   **Aistrigh na habairtí seo a leanas go Gaeilge.**

1   If he buys a car he'll go to Spain.

2   If he doesn't write the essay he'll be in trouble with his teacher.

3   If they hit the man the Gardaí will come.

4   If she buys the house she'll move to the country.

5   If we win the match on Sunday we'll win the league.

G   **Aistrigh na habairtí seo a leanas go Gaeilge.**

1   If she listens she'll hear the bird singing.

2   If we don't read the book we won't understand the film.

3   If he drinks too much he'll be sick.

4   If we spend too much money we'll be in debt.

5   If they escape from prison they'll go to America.

Caibidil 8
An Modh Coinníollach

Úsáidtear an Modh Coinníollach nuair atá:
- 'dá' san abairt *nó*
- an bhrí 'would' or 'could' leis an mbriathar.

Samplaí

- Dá mbuafainn an crannchur cheannóinn teach nua.
- Chuirfinn glao ar an mbriogáid dóiteáin dá mbeadh an teach trí thine.

Riail le foghlaim
- Cuir séimhiú ar chonsan; cuir d' roimh f nó roimh ghuta.
- Dá + urú + Modh Coinníollach: dá mbeadh / dá bhfanfadh / dá n-éistfeadh sé
- Mura + urú + Modh Coinníollach: mura mbeadh / mura bhfanfadh / mura n-éistfeadh sé
- 'Ní' an fhoirm dhiúltach sa Mhodh Coinníollach (ní dhúnfainn)
- 'An' an fhoirm cheisteach sa Mhodh Coinníollach (an bhfágfá?)

An Chéad Réimniú
– briathra leathana

Cuir:

–fainn	–fadh sibh
–fá	–faidís
–fadh sé / sí	–faí
–faimis	

leis an bhfréamh.

Tóg
Thógfainn
Thógfá
Thógfadh sé / sí
Thógfaimis
Thógfadh sibh
Tógfaidís
Thógfaí / Ní thógfaí
Ní thógfainn
An dtógfá?

Fág	Ól
D'fhágfainn	D'ólfainn
D'fhágfá	D'ólfá
D'fhágfadh sé / sí	D'ólfadh sé / sí
D'fhágfaimis	D'ólfaimis
D'fhágfadh sibh	D'ólfadh sibh
D'fhágfaidís	D'ólfaidís
D'fhágfaí / Ní fhágfaí	D'ólfaí / Ní ólfaí
Ní fhágfainn	Ní ólfainn
An bhfágfá?	An ólfá?

Cleachtaí le déanamh

A **Scríobh na habairtí seo a leanas sa Mhodh Coinníollach.**

1. (Geall) _____ mo mháthair trí chéad euro dom dá ndéanfainn an obair.
2. (Íoc: sinn) _____ as an mbronntanas dár dtuismitheoirí dá mbeadh airgead againn.
3. (Cas) _____ sé lena chara ar scoil amárach dá mbeadh sé ann.
4. (Fág: mé) _____ an teach ag a hocht dá mbeinn dúisithe.
5. (Fan) _____ sé ag baile dá mbeadh rogha aige.

B **Scríobh na habairtí seo a leanas sa Mhodh Coinníollach.**

1. (Gabh) _____ a sheanmháthair buíochas leis dá dtabharfadh sé bronntanas di dá breithlá.
2. Dá (gearr) _____ an fear na bláthanna ar fad (scrios) _____ sé an gairdín.
3. (Fág: sinn) _____ an teach ag a hocht dá mbeadh scoil againn.
4. Ní (coimeád) _____ mo chara aon bhia dom mura mbeinn ansin.
5. (Íoc) _____ sé céad euro ar an ticéad don cheolchoirm dá mbeadh U2 ag seinm.

Scríobh na habairtí seo a leanas sa Mhodh Coinníollach.

1   (Glan) _____ agus (scuab) _____ sé an scoil ó bhun go barr dá n-iarrfadh an múinteoir air.

2   Ní (fás) _____ rósanna riamh sa ghairdín sin dá mbeadh madra ann.

3   (Iarr) _____ an múinteoir orm na cóipleabhair a bhailiú di dá mbeinn ar scoil.

4   Ní (díol) _____ an siopadóir oiread is rud amháin Dé Luain seo chugainn dá mbeadh sé ag cur sneachta.

5   (Tóg) _____ an fear teach nua i gContae na Gaillimhe dá mbeadh an t-airgead aige.

D   **Scríobh na habairtí seo a leanas sa Mhodh Coinníollach.**

1   (Can) _____ an grúpa ceol álainn ag an gceolchoirm Dé hAoine seo chugainn dá bhfaighidís cuireadh.

2   (Tóg) _____ an garda tarrthála a lán daoine ón uisce an samhradh seo chugainn dá mbeadh gá leis.

3   (Fág: siad) _____ an scoil agus (tóg: siad) _____ an bus abhaile dá mbeidís ann.

4   Dá (leag) _____ an Chomhairle a theach (tóg) _____ m'athair arís é.

5   (Gearr: mé) _____ an féar ag an deireadh seachtaine dá mbeadh lomaire féir agam.

An Chéad Réimniú
– briathra caola

Cuir:

–finn	–feadh sibh
–feá	–fidís
–feadh sé / sí	–fí
–fimis	

leis an bhfréamh.

Caith

Chaithfinn

Chaithfeá

Chaithfeadh sé / sí

Chaithfimis

Chaithfeadh sibh

Chaithfidís

Chaithfí / Ní chaithfí

Ní chaithfinn

An gcaithfeá?

Fill	Úsáid
D'fhillfinn	D'úsáidfinn
D'fhillfeá	D'úsáidfeá
D'fhillfeadh sé / sí	D'úsáidfeadh sé / sí
D'fhillfimis	D'úsáidfimis
D'fhillfeadh sibh	D'úsáidfeadh sibh
D'fhillfidís	D'úsáidfidís
D'fhillfí / Ní fhillfí	D'úsáidfí / Ní úsáidfí
Ní fhillfinn	Ní úsáidfinn
An bhfillfeá?	An úsáidfeá?

Cleachtaí le déanamh

A Scríobh na habairtí seo a leanas sa Mhodh Coinníollach.

1 Ní (buail: mé) _____ le mo chara ar scoil toisc nach mbeadh sí ann.

2 (Goid) _____ céad míle euro ón mbanc mura mbeadh aláram ann.

3 Mura (tuill) _____ sé ach fiche euro don tseachtain ar fad bheadh díomá air.

4 Dá (léim) _____ an capall thar an mballa (rith) _____ an feirmeoir ina dhiaidh.

5 (Úsáid: sinn) _____ an fón póca nua dá bhfaighimis ceann nua.

B Scríobh na habairtí seo a leanas sa Mhodh Coinníollach.

1 (Mill) _____ sé an turas ar an rang dá (ól) _____ sé alcól.

2 Mura (tuig) _____ sé an ceacht bheadh sé i dtrioblóid leis an múinteoir.

3 Ní (géill) _____ an bus ná an carr ag an gcrosbhóthar agus (buail: siad) _____ in aghaidh a chéile.

4 (Séid) _____ an tiománaí an adharc agus (léim) _____ an coisí as an mbealach dá mbeadh sé ag éisteacht.

5 Dá mbeadh scrúdú pianó agam (seinn: mé) _____ go maith.

C Scríobh na habairtí seo a leanas sa Mhodh Coinníollach.

1 Dá (caill) _____ mo mháthair a cuid airgid (cuir) _____ sí an milleán orm.

2 Dá (teip) _____ orm sa scrúdú bheadh díomá an domhain orm.

3 (Blais) _____ sé an bia ach (caith) _____ sé amach as a bhéal é láithreach bonn dá mbeadh sé lofa.

4 (Bain) _____ geit as mo chara dá bhfeicfeadh sí taibhse sa seomra.

5 (Fág: sinn) _____ an teach ag a trí agus (sroich: sinn) _____ an pháirc ag an ceathair dá mbeadh deifir orainn.

D Scríobh na habairtí seo a leanas sa Mhodh Coinníollach.

1 Ní (caith: mé) _____ ach trí lá san ospidéal dá (buail) _____ an carr mé.

2 (Bris) _____ sé a shrón dá (buail) _____ a chara é.

3 (Troid) _____ na buachaillí sa chlós dá mbeadh seans acu.

4 Mura (tuig) _____ sí an ceacht Fraincise (úsáid) _____ sí an foclóir.

5 (Rith) _____ na gadaithe isteach sa siopa, (béic: siad) _____ ar na custaiméirí, (cuir: siad) _____ ina luí ar an urlár iad agus (goid: siad) _____ an t-airgead dá mbeadh airgead ann.

An Chéad Réimniú
– briathra a chríochnaíonn le '-gh'

Suigh	Pléigh	Buaigh
Shuífinn	Phléifinn	Bhuafainn
Shuífeá	Phléifeá	Bhuafá
Shuífeadh sé / sí	Phléifeadh sé / sí	Bhuafadh sé / sí
Shuífimis	Phléifimis	Bhuafaimis
Shuífeadh sibh	Phléifeadh sibh	Bhuafadh sibh
Shuífidís	Phléifidís	Bhuafaidís
Shuífí / Ní shuífí	Phléifí / Ní phléifí	Bhuafaí / Ní bhuafaí
Ní shuífinn	Ní phléifinn	Ní bhuafainn
An suífeá?	An bpléifeá?	An mbuafá?

Cleachtaí le déanamh

A Scríobh na habairtí seo a leanas sa Mhodh Coinníollach.

1 (Pléigh: sinn) _____ fadhb an óil sa rang ar scoil dá mbeadh an múinteoir ann.

2 Mura (nigh) _____ sí í féin go minic bheadh boladh uafásach uaithi.

3 (Léigh: sí) _____ an leabhar sin dá mbeadh an club leabhair ar siúl.

4 Bheadh áthas an domhain orm dá (buaigh) _____ m'fhoireann an chraobh.

5 Dá mbeidís tuirseach traochta (suigh: siad) _____ síos ar an bhféar.

B Scríobh na habairtí seo a leanas sa Mhodh Coinníollach.

1 Dá (luigh) _____ sé siar ar an leaba (tit) _____ a chodladh air.

2 (Glaoigh) _____ mo chara orm ar an bhfón dá mbeadh sí i dtrioblóid.

3 Dá mbeadh aon duine tinn (guigh) _____ an rang air.

4 Ní (pléigh: mé) _____ an aiste le mo chara mura mbeadh suim aici ann.

5 Bheadh leath lae againn dá (buaigh) _____ mo scoil na comórtais spóirt.

An Modh Coinníollach
– briathra le dhá shiolla sa chéad réimniú a chríochnaíonn ar '-áil' nó '-áin'

Sábháil	*Tiomáin	Taispeáin
Shábhálfainn	Thiomáinfinn	Thaispeánfainn
Shábhálfá	Thiomáinfeá	Thaispeánfá
Shábhálfadh sé / sí	Thiomáinfeadh sé / sí	Thaispeánfadh sé / sí
Shábhálfaimis	Thiomáinfimis	Thaispeánfaimis
Shábhálfadh sibh	Thiomáinfeadh sibh	Thaispeánfadh sibh
Shábhálfaidís	Thiomáinfidís	Thaispeánfaidís
Shábhálfaí / Ní shábhálfaí	Thiomáinfí / Ní thiomáinfí	Thaispeánfaí / Ní thaispeánfaí
Ní shábhálfainn	Ní thiomáinfinn	Ní thaispeánfainn
An sábhálfá?	An dtiomáinfí?	An dtaispeánfá?

*Tabhair faoi deara gur eisceacht é an briathar 'tiomáin' mar go bhfanann sé caol tríd síos.

An Dara Réimniú
– briathra leathana

Bain '**-aigh**' den bhriathar agus cuir:

–óinn	–ódh sibh
–ófá	–óidís
–ódh sé / sí	–ófar
–óimis	

leis an bhfréamh, m. sh., ceannaigh → ceann → cheannóinn.

Ceannaigh	Fostaigh	Ullmhaigh
Cheannóinn	D'fhostóinn	D'ullmhóinn
Cheannófá	D'fhostófá	D'ullmhófá
Cheannódh sé / sí	D'fhostódh sé / sí	D'ullmhódh sé / sí
Cheannóimis	D'fhostóimis	D'ullmhóimis
Cheannódh sibh	D'fhostódh sibh	D'ullmhódh sibh
Cheannóidís	D'fhostóidís	D'ullmhóidís
Cheannófaí / Ní cheannófaí	D'fhostófaí / Ní fhostófaí	D'ullmhófaí / Ní ullmhófaí
Ní cheannóinn	Ní fhostóinn	Ní ullmhóinn
An gceannófá?	An bhfostófá?	An ullmhófá?

Cleachtaí le déanamh

A   **Scríobh na habairtí seo a leanas sa Mhodh Coinníollach.**

1   Dá mbeadh an múinteoir tinn ní (ceartaigh) _____ sí na cóipleabhair.

2   (Éalaigh) _____ na hainmhithe ón zú dá mbeadh na geataí fágtha ar oscailt.

3   (Brostaigh) _____ an páiste abhaile ón scoil dá mbeadh deifir air.

4   Dá mbeadh sioc ar na bóithre (sleamhnaigh) _____ na carranna orthu.

5   Ní (ceannaigh: sinn) _____ aon rud sa siopa mura mbeadh aon airgead againn.

B Scríobh na habairtí seo a leanas sa Mhodh Coinníollach.

1   (Diúltaigh) _____ mo mháthair aon airgead breise a thabhairt dom dá (caith: mé) _____ é ar fad ar mhilseáin.

2   (Gortaigh) _____ an leanbh a cheann dá dtitfeadh sé den phram.

3   (Ullmhaigh: mé) _____ go maith don scrúdú dá mbeadh an t-am agam.

4   Dá (caill) _____ m'athair a chuid eochracha (cuardaigh) _____ sé an teach ó bhun go barr agus (aimsigh) _____ sé iad.

5   (Cónaigh) _____ mo mháthair faoin tuath dá mbeadh rogha aici.

C Scríobh na habairtí seo a leanas sa Mhodh Coinníollach.

1   Ní (críochnaigh) _____ sé an obair bhaile go luath dá (féach) _____ sé ar an teilifís

2   (Socraigh: mé) _____ dul go dtí an phictiúrlann le mo chairde dá mbeadh airgead agam.

3   Dá (mothaigh: mé) _____ brónach (breathnaigh: mé) _____ ar scannán greannmhar.

4   (Ordaigh) _____ an múinteoir dó an obair bhaile a dhéanamh arís dá (diúltaigh) _____ sé an aiste a dhéanamh.

5   Dá mbeadh robáil ann (fiosraigh) _____ agus (scrúdaigh) _____ na Gardaí an suíomh tar éis na robála.

D Scríobh na habairtí seo a leanas sa Mhodh Coinníollach.

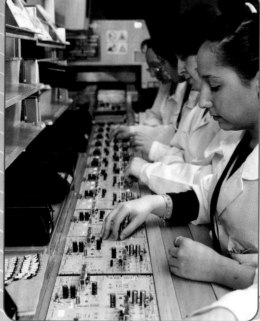

1   An (cabhraigh: tú) _____ le do thuismitheoirí dá mbeadh cúnamh uathu?

2   Dá (mothaigh) _____ sí an-tinn (caith) _____ sí an lá sa leaba.

3   Dá (tosaigh) _____ an t-aonach saothair ag a trí (ceannaigh: mé) _____ a lán earraí éagsúla ann.

4   Dá (roghnaigh) _____ an múinteoir an buachaill óg don chomórtas (mothaigh) _____ sé an-bhródúil.

5   (Fostaigh) _____ an mhonarcha a lán daoine dá mbeadh an obair ann.

An Dara Réimniú
– briathra caola

Bain '**-igh**' den bhriathar agus cuir:

–eoinn	–eodh sibh
–eofá	–eoidís
–eodh sé / sí	–eofaí
–eoimis	

leis an bhfréamh, m. sh., cuidigh ➤ cuid ➤ chuideoinn.

Cuidigh	Cuimhnigh	Oibrigh
Chuideoinn	Chuimhneoinn	D'oibreoinn
Chuideofá	Chuimhneofá	D'oibreofá
Chuideodh sé / sí	Chuimhneodh sé / sí	D'oibreodh sé / sí
Chuideoimis	Chuimhneoimis	D'oibreoimis
Chuideodh sibh	Chuimhneodh sibh	D'oibreodh sibh
Chuideoidís	Chuimhneoidís	D'oibreoidís
Chuideofaí / Ní chuideofaí	Chuimhneofaí / Ní chuimhneofaí	D'oibreofaí / Ní oibreofaí
Ní chuideoinn	Ní chuimhneoinn	Ní oibreoinn
An gcuideofá?	An gcuimhneofá?	An oibreofá?

Cleachtaí le déanamh

A **Scríobh na habairtí seo a leanas sa Mhodh Coinníollach.**

1   (Bailigh: mé) _____ na cuairteoirí ón traein Dé Sathairn dá dtiocfaidís.

2   Mura (éirigh: siad) _____ in am (imigh) _____ an bus gan iad.

3   (Foilsigh) _____ an scoil leabhar na bliana i rith an tsamhraidh dá mbeadh sé réidh.

4   Dá (cóirigh: sinn) _____ na leapacha (imigh: sinn) _____ amach ansin.

5   (Imigh) _____ na cailíní ar scoil dá mbeadh gá leis.

B Scríobh na habairtí seo a leanas sa Mhodh Coinníollach.

1 Mura (cóirigh) _____ sé a leaba ar maidin (éirigh) _____ a mháthair feargach leis.

2 Ní (dúisigh: mé) _____ in am mura gcloisfinn an clog.

3 Dá (impigh: mé) _____ ar mo chara iasacht airgid a thabhairt dom (diúltaigh) _____ sí.

4 Ní (oibrigh) _____ sé go dian agus ní (éirigh) _____ leis ina chuid scrúduithe.

5 Mura (cuimhnigh) _____ sí ar bhreithlá a máthar (maslaigh) _____ sí í.

C Scríobh na habairtí seo a leanas sa Mhodh Coinníollach.

1 (Aistrigh: mé) _____ an leabhar Béarla go Gaeilge dá n-iarrfaí orm.

2 Dá (oibrigh) _____ sé go dian i gcónaí (éirigh) _____ go hiontach leis.

3 (Bailigh: siad) _____ a lán airgid i gcomhair Goal dá (rith: siad) _____ rás.

4 Mura (dúisigh: mé) _____ in am ní (éirigh) _____ liom an scoil a shroichint in am.

5 (Cóirigh) _____ sí a leaba agus (glan) _____ sí a seomra codlata dá mbeadh an t-am aici.

D Scríobh na habairtí seo a leanas sa Mhodh Coinníollach.

1 An (foghlaim: siad) _____ tada ar scoil dá mbeidís ann?

2 Mura (foilsigh) _____ an nuachtán an scéal faoin bpolaiteoir sin (craol) _____ TV3 an scéal.

3 Dá (stop) _____ an bus (tuirling) _____ na paisinéirí go léir de agus (imigh: siad) _____ abhaile.

4 (Éirigh) _____ liom sa scrúdú dá (dírigh: mé) _____ ar an obair.

5 (Imigh) _____ an buachaill óg abhaile ar nós na gaoithe dá bhfeicfeadh sé madra mór.

An Dara Réimniú
– briathra a chríochnaíonn le '-ir', '-ail', '-is', '-il'

Coimriú: cailliúint guta(í) nó siolla ó lár focail.

Bain an **guta nó gutaí deireanacha** den bhriathar agus cuir:

–óinn nó –eonn   –ódh sibh nó –eodh sibh

–ófa nó –eofá   –óidís –eoidís

–ódh sé / sí nó –eodh sé / sí   –ófaí nó –eofaí

–óimis nó –eoimis

leis an bhfréamh, m. sh., codail → codl → chodlóinn.

Codail	Freagair	Inis
Chodlóinn	D'fhreagróinn	D'inseoinn
Chodlófá	D'fhreagrófá	D'inseofá
Chodlódh sé / sí	D'fhreagródh sé / sí	D'inseodh sé / sí
Chodlóimis	D'fhreagróimis	D'inseoimis
Chodlódh sibh	D'fhreagródh sibh	D'inseodh sibh
Chodlóidís	D'fhreagróidís	D'inseoidís
Chodlófaí / Ní chodlófaí	D'fhreagrófaí / Ní fhreagrófaí	D'inseofaí / Ní inseofaí
Ní chodlóinn	Ní fhreagróinn	Ní inseoinn
An gcodlófá?	An bhfreagrófá?	An inseofá?

Cleachtaí le déanamh

A   Scríobh na habairtí seo a leanas sa Mhodh Coinníollach.

1. (Fógair) _____ an múinteoir dá mbeadh leath lae againn go luath.
2. (Iompair) _____ an fear an buachaill óg ar a dhroim dá mbeadh sé tinn.
3. Ní (labhair) _____ mo chara liom dá mbeadh drochaoibh uirthi.
4. Dá (oscail) _____ an bhean an doras (éalaigh) _____ na lasracha.
5. (Ceangail) _____ sé an madra den chuaille dá rachadh sé isteach sa siopa.

B Scríobh na habairtí seo a leanas sa Mhodh Coinníollach.

1   (Eitil: mé) _____ ó Bhaile Átha Cliath go Londain dá mbeadh an t-airgead agam.

2   (Imir: sinn) _____ cluiche iontach an deireadh seachtaine seo chugainn dá mbeadh gach duine ag imirt go maith.

3   Dá (cosain) _____ an teach nua milliún euro ní (ceannaigh: mé) _____ é.

4   (Bagair) _____ an feirmeoir a mhadra ar na buachaillí dána dá mbeidís ag cur isteach air.

5   Ní (aithin) _____ a seanmháthair í mura mbeadh radharc na súl go maith aici.

C Scríobh na habairtí seo a leanas sa Mhodh Coinníollach.

1   (Freagair: mé) _____ an cheist dá gcuirfeadh an múinteoir aon cheist orm.

2   Dá bhfaigheadh sí bronntanas ní (oscail) _____ sí é go dtí oíche amárach.

3   (Eitil: sinn) _____ go Gaillimh ó Bhaile Átha Cliath mura mbeadh aon traein ar fáil.

4   Ní (imir: siad) _____ aon chluiche sa gheimhreadh dá mbeadh an aimsir go dona.

5   (Aithin: siad) _____ a ngaolta dá dtiocfaidís ar saoire.

D Scríobh na habairtí seo a leanas sa Mhodh Coinníollach.

1   (Cosain) _____ an scáth fearthainne mé ón mbáisteach dá mbeadh sé ag cur báistí.

2   (Codail: siad) _____ go sámh anocht dá mbeadh tuirse orthu.

3   An (inis) _____ Seán bréag duit dá mbeadh sé i dtrioblóid?

4   An (labhair) _____ an múinteoir leis an rang faoin obair bhaile dá mba gá?

5   Mura (freagair) _____ sí an cheist bheadh fearg ar an múinteoir.

An Modh Coinníollach
– briathra neamhrialta

Bí	Abair
Bheinn	Déarfainn
Bheifeá	Déarfá
Bheadh sé / sí	Déarfadh sé / sí
Bheimis	Déarfaimis
Bheadh sibh	Déarfadh sibh
Bheidís	Déarfaidís
Bheifí / Ní bheifí	Déarfaí / Ní déarfaí
Ní bheinn / Ní bheimis	Ní déarfainn / Ní déarfaimis
An mbeifeá?	An ndéarfá?

Faigh	
Gheobhainn	Ní bhfaighinn
Gheofá	Ní bhfaighfeá
Gheobhadh sé / sí	Ní bhfaigheadh sé
Gheobhaimis	Ní bhfaighimis
Gheobhadh sibh	Ní bhfaigheadh sibh
Gheobhaidís	Ní bhfaighidís
Gheofaí	Ní bhfaighfí
An bhfaighfeá?	An bhfaighfeá?

Feic	Téigh
D'fheicfinn	Rachainn
D'fheicfeá	Rachfá
D'fheicfeadh sé / sí	Rachadh sé / sí
D'fheicfimis	Rachaimis
D'fheicfeadh sibh	Rachadh sibh
D'fheicfidís	Rachaidís
D'fheicfí / Ní fheicfí	Rachfaí / Ní rachfaí
Ní fheicfinn / Ní fheicfimis	Ní rachainn / Ní rachaimis
An bhfeicfeá?	An rachfá?

Déan

Dhéanfainn

Dhéanfá

Dhéanfadh sé / sí

Dhéanfaimis

Dhéanfadh sibh

Dhéanfaidís

Dhéanfaí / Ní dhéanfaí

Ní dhéanfainn / Ní dhéanfaimis

An ndéanfá?

Beir

Bhéarfainn

Bhéarfá

Bhéarfadh sé / sí

Bhéarfaimis

Bhéarfadh sibh

Bhéarfaidís

Bhéarfaí / Ní bhéarfaí

Ní bhéarfainn / Ní bhéarfaimis

An mbéarfá?

Clois

Chloisfinn

Chloisfeá

Chloisfeadh sé / sí

Chloisfimis

Chloisfeadh sibh

Chloisfidís

Chloisfí / Ní chloisfí

Ní chloisfinn / Ní chloisfimis

An gcloisfeá?

Ith

D'íosfainn

D'íosfá

D'íosfadh sé / sí

D'íosfaimis

D'íosfadh sibh

D'íosfaidís

D'íosfaí / Ní íosfaí

Ní íosfainn / Ní íosfaimis

An íosfá?

Graiméar — Is féidir leat!

Tabhair	Tar
Thabharfainn	Thiocfainn
Thabharfá	Thiocfá
Thabharfadh sé / sí	Thiocfadh sé / sí
Thabharfaimis	Thiocfaimis
Thabharfadh sibh	Thiocfadh sibh
Thabharfaidís	Thiocfaidís
Thabharfaí / Ní thabharfaí	Thiocfaí / Ní thiocfaí
Ní thabharfainn / Ní thabharfaimis	Ní thiocfainn / Ní thiocfaimis
An dtabharfá?	An dtiocfá?

Cleachtaí le déanamh

A Scríobh na habairtí seo a leanas sa Mhodh Coinníollach.

1. (Téigh: mé) _____ ar scoil ag a hocht a chlog dá (bí) _____ sé ar siúl.
2. Ní (déan) _____ sé a chuid obair bhaile dá (téigh) _____ sé abhaile.
3. (Beir) _____ na Gardaí ar an ngadaí dá (clois: siad) _____ faoin robáil sa bhanc.
4. (Abair) _____ an múinteoir leis an rang dá mbeadh aon obair bhaile acu.
5. (Feic) _____ sí a cara dá (téigh) _____ sí ar cuairt chuici san ospidéal.

B Scríobh na habairtí seo a leanas sa Mhodh Coinníollach.

1. (Bí) _____ an Taoiseach ar cuairt sa scoil dá (faigh) _____ sé cuireadh.
2. Mura (faigh) _____ mé aon bhronntanas ó mo chara ar mo bhreithlá (bí) _____ díomá orm.
3. (Tabhair: mé) _____ aire do mo dheartháir beag Dé hAoine dá (téigh) _____ mo thuismitheoirí amach.
4. (Beir) _____ na Gardaí ar na gadaithe dá (clois: siad) _____ faoin robáil.
5. Ní (tar) _____ aon duine go dtí an chóisir mura (faigh: siad) _____ cuireadh.

Scríobh na habairtí seo a leanas sa Mhodh Coinníollach.

1 (Feic) _____ agus (clois) _____ sé a chara ar an mbus maidin amárach dá mbeadh sé ann.

2 Mura (ith: mé) _____ aon bhricfeasta (bí) _____ ocras an domhain orm.

3 Mura (déan) _____ sé an obair bhaile in am (tabhair) _____ an múinteoir íde béil dó.

4 Mura (abair) _____ sé lena mháthair go mbeadh sé ag fáil tatú (bí) _____ sé i dtrioblóid nuair a (tar) _____ sé abhaile.

5 (Téigh) _____ sé abhaile agus (déan) _____ sé a chuid obair bhaile dá mbeadh an t-am aige.

Scríobh na habairtí seo a leanas sa Mhodh Coinníollach.

1 Dá (déan: mé) _____ praiseach den obair (bí) _____ na múinteoirí crosta liom.

2 Mura (téigh: siad) _____ ag siopadóireacht ní (faigh: siad) _____ éadaí nua.

3 Dá (ith) _____ sí an iomarca (bí) _____ sí tinn.

4 Dá (imigh) _____ mo thuismitheoirí ar a gcuid laethanta saoire (bí) _____ an teach ina phraiseach nuair a (tar: siad) _____ abhaile.

5 Ní (feic: mé) _____ agus ní (clois: mé) _____ aon rud dá (téigh: mé) _____ a chodladh.

Súil Siar ar an Modh Coinníollach

A **Scríobh na habairtí seo a leanas sa Mhodh Coinníollach.**

1 (Caill: mé) _____ mo chuid airgid agus (cuardaigh: mé) _____ an teach ó bhun go barr dá mbeinn buartha.

2 (Déan) _____ sé an scrúdú ach ní (éirigh) _____ go maith leis ann mura (déan) _____ sé aon staidéar.

3 (Ceannaigh) _____ sé bronntanas dom ar mo bhreithlá dá mbeadh airgead aige.

4 (Glan) _____ mo chlann an teach an deireadh seachtaine seo chugainn dá (bí) _____ cuairteoirí ag teacht.

5 Dá (tosaigh) _____ sé ag cur báistí (brostaigh: siad) _____ abhaile.

B **Scríobh na habairtí seo a leanas sa Mhodh Coinníollach.**

1 Dá (fill) _____ mo dheartháir abhaile ón Astráil an Nollaig seo chugainn (téigh) _____ an chlann ar fad amach go dtí an t-aerfort.

2 Mura (bailigh) _____ an múinteoir na cóipleabhair ní (ceartaigh) _____ sé iad.

3 Dá (déan) _____ Seán dearmad ar a fheisteas spóirt amárach (bí) _____ an traenálaí ar buile leis.

4 Mura (téigh) _____ Máire ar scoil ar feadh cúpla lá an mhí seo chugainn (caill) _____ sí amach ar a lán ranganna.

5 (Suigh: mé) _____ síos anocht agus (féach: mé) _____ ar an teilifís dá mbeadh an t-am agam.

C **Scríobh na habairtí seo a leanas sa Mhodh Coinníollach.**

1 (Téigh: mé) _____ ar scoil fiú dá (bí) _____ sé ag cur sneachta.

2 Ní (creid) _____ aon rud a (tar) _____ as béal an duine sin.

3 Dá (caith) _____ sé a chuid ama ag staidéar in ionad féachaint ar an teilifís (gnóthaigh) _____ sé marcanna maithe.

4 Mura (fan) _____ sí go dtí an nóiméad deireanach ní (caill) _____ sí an bus.

5 Dá (labhair) _____ sí lena cara (faigh) _____ sí amach faoin timpiste.

Caibidil 9

Dá agus an Modh Coinníollach

- Ciallaíonn dá 'if' agus leanann an Modh Coinníollach é.
- Ciallaíonn mura 'if not' agus leanann an Modh Coinníollach é.
- Cuireann dá agus mura urú ar an mbriathar ina ndiaidh.

Samplaí

- Dá mbuafainn an crannchur náisiúnta cheannóinn teach nua.
- Dá mbeadh soineann go Samhain bheadh breall ar dhuine éigin.
- Mura ndéanfadh sé an obair bhaile ní éireodh leis ina chuid scrúduithe.
- Mura gceannódh sé an ticéad inné ní bhuafadh sé an crannchur inniu.

Cleachtaí le déanamh

A Athscríobh na habairtí seo a leanas gan na lúibíní.

1. Dá (éist) _____ Seán sa rang ní (bí) _____ sé i dtrioblóid anois.
2. Dá (téigh: mé) _____ go Sasana (buail: mé) _____ le mo ghaolta.
3. Dá (faigh: tú) _____ airgead an (ceannaigh: tú) _____ bronntanas dom?
4. Dá (imir) _____ sé go maith (déan) _____ captaen de.
5. Dá (gortaigh) _____ sé a chos (téigh) _____ sé abhaile.

B Athscríobh na habairtí seo a leanas gan na lúibíní.

1. Dá (fág) _____ sé in am ní (caill) _____ sé amach ar an rang.
2. Dá (rith: sinn) _____ níos tapúla (sroich: sinn) _____ an scoil in am.
3. Dá (féach) _____ sí ar an nuacht (tuig) _____ sí cúrsaí reatha.
4. Dá (tabhair) _____ mo mháthair airgead dom (ceannaigh: mé) _____ leabhair nua.
5. Mura (caith) _____ sé an t-am ag caint (bí) _____ torthaí ní b'fhearr aige anois.

C Athscríobh na habairtí seo a leanas gan na lúibíní.

1 Dá (tuill) _____ sé airgead mar sin (féad) _____ sé carr nua a cheannach.
2 Dá (maraigh) _____ sé an madra (bí) _____ aiféala air.
3 Mura (tosaigh: siad) _____ ag caint sa rang ní (coinnigh) _____ siar iad.
4 Dá (críochnaigh: mé) _____ an obair in am (breathnaigh: mé) _____ ar an teilifís.
5 (Éalaigh) _____ na príosúnaithe ón bpríosún dá (tabhair) _____ duine éigin eochair dóibh.

D Athscríobh na habairtí seo a leanas gan na lúibíní.

1 (Ith) _____ sé béile maith dá (bí) _____ ocras air.
2 (Tar: mé) _____ abhaile dá (clois: mé) _____ drochnuacht.
3 Dá (faigh) _____ sé spéaclaí nua (feic) _____ sé a chairde go héasca.
4 Dá (bí) _____ timpiste ann (fiosraigh) _____ na Gardaí an suíomh.
5 Dá (cuir: tú) _____ do chuid airgid in áit shábháilte ní (caill: tú) _____ é.

E Athscríobh na habairtí seo a leanas gan na lúibíní.

1 Mura (ith) _____ sé béile mór ní (bí) _____ sé tinn anois.
2 Dá (téigh: mé) _____ go dtí an Fhrainc ar mo chuid laethanta saoire (foghlaim: mé) _____ Fraincis.
3 Dá (glan: siad) _____ an sioc ón talamh ní (sleamhnaigh) _____ na daoine air.
4 Mura (caith) _____ sé a chrios tarrthála (bí) _____ sé i dtrioblóid leis na Gardaí.
5 Dá (codail: sinn) _____ go sámh (dúisigh: sinn) _____ in am.

F Athscríobh na habairtí seo a leanas gan na lúibíní.

1 Dá (éist: mé) _____ sa rang ní (bí: mé) _____ in oifig an phríomhoide anois.
2 Dá (féach) _____ sé ar an bhfógra (feic) _____ sé gur thosaigh an cheolchoirm ag a hocht.
3 Dá (cabhraigh) _____ sé lena mháthair (faigh) _____ sé airgead póca uaithi.
4 Mura (léim: sinn) _____ isteach san uisce fuar ní (faigh: sinn) _____ drochshlaghdán.
5 Dá (déan) _____ gach duine iarracht bheag (tar) _____ feabhas ar chúrsaí.

Aistrigh na habairtí seo a leanas go Gaeilge.

1. If Máire had done her work she wouldn't be in trouble now.
2. If I hadn't lit the fire the house wouldn't have gone on fire.
3. If she had listened to me she'd have bought a lottery ticket.
4. If we had made the beds our mother wouldn't have been annoyed with us.
5. If he hadn't gone out he wouldn't have fallen on the snow.

H **Aistrigh na habairtí seo a leanas go Gaeilge.**

1. If he had bought a ticket in time, perhaps he'd have won the lotto.
2. If I hadn't spent my time watching the television I'd have passed my exams.
3. If my mother gave me permission I'd go to the pictures.
4. If I collected blackberries I'd make a pie.
5. If he corrected my essay I'd get an A.

I **Aistrigh na habairtí seo a leanas go Gaeilge.**

1. If Seán believed me he'd have gone to the Gardaí.
2. If I told a lie I'd be ashamed.
3. If we broke the window we'd fix it.
4. If there was ice on the roads the cars would crash.
5. If she drank milk she'd be sick.

J **Aistrigh na habairtí seo a leanas go Gaeilge.**

1. If he built a house his neighbour would knock it down.
2. If I said that to the teacher I'd be in trouble.
3. If they fell in love they'd get married.
4. If my brother hit me my father would send him to his room.
5. If we stole the flowers we'd run out of the shop.

K **Aistrigh na habairtí seo a leanas go Gaeilge.**

1. If he promised me a car he'd buy it for me.
2. If they stood out in the rain they'd get a cold.
3. If I gave him 30 euro he'd pay for the books.
4. If they didn't win the match they wouldn't go to the restaurant afterwards.
5. If she returned on time she'd do her homework.

Caibidil 10

An Aimsir Ghnáthchaite

Úsáideann tú an Aimsir Ghnáthchaite nuair atá tú ag caint faoi:
- rudaí a tharla go minic agus go rialta san am a chuaigh thart.

Samplaí
- Nuair a bhí m'athair óg thugadh sé a rothar amach gach Satharn agus rothaíodh sé go dtí teach a charad. Théadh an bheirt acu amach agus bhíodh picnic acu agus ansin d'fhillidís abhaile.

Riail le foghlaim
- Cuir séimhiú ar chonsan; cuir **d'** roimh **f** nó roimh ghuta.
- **Ní** an fhoirm dhiúltach san Aimsir Ghnáthchaite (ní dhúnainn)
- **An** an fhoirm cheisteach san Aimsir Ghnáthchaite (an bhfágtá?)

An Chéad Réimniú – briathra leathana

Cuir:

–ainn	–aimis
–tá	–adh sibh
–adh sé / sí	–aidís
–taí	

leis an bhfréamh.

Tóg	Fág	Ól
Thógainn	D'fhágainn	D'ólainn
Thógtá	D'fhágtá	D'óltá
Thógadh sé / sí	D'fhágadh sé / sí	D'óladh sé / sí
Thógaimis	D'fhágaimis	D'ólaimis
Thógadh sibh	D'fhágadh sibh	D'óladh sibh
Thógaidís	D'fhágaidís	D'ólaidís
Thógtaí / Ní thógtaí	D'fhágtaí / Ní fhágtaí	D'óltaí / Ní óltaí
Ní thógainn / Ní thógaimis	Ní fhágainn / Ní fhágaimis	Ní ólainn / Ní ólaimis
An dtógtá?	An bhfágtá?	An óltá?

Cleachtaí le déanamh

A **Scríobh na habairtí seo a leanas san Aimsir Ghnáthchaite.**

1 (Geall) _____ mo mháthair trí chéad euro dom gach mí anuraidh.
2 (Íoc: sinn) _____ as an mbronntanas dár dtuismitheoirí gach aon bhliain.
3 (Cas) _____ sé lena chara ar scoil gach lá anuraidh.
4 (Fág: mé) _____ an teach ag a hocht nuair a bhínn ag dul ar scoil.
5 (Fan) _____ sé san óstán céanna i gcónaí.

B **Scríobh na habairtí seo a leanas san Aimsir Ghnáthchaite.**

1 (Gabh) _____ a sheanmháthair buíochas leis gach uair a thugadh sé bronntanas di.
2 (Gearr) _____ an fear na bláthanna ar fad le deich mbliana anuas.
3 (Fág: sinn) _____ an teach ag a hocht nuair a bhímis ag obair sa mhonarcha.
4 Ní (coimeád) _____ mo chara aon bhia dom nuair a bhímis óg.
5 (Íoc) _____ sé céad euro ar an ticéad do cheolchoirmeacha U2.

C Scríobh na habairtí seo a leanas san Aimsir Ghnáthchaite.

1 (Glan) _____ agus (scuab) _____ sé an scoil ó bhun go barr lá i ndiaidh lae.
2 Ní (fás) _____ aon rósanna sa ghairdín sin.
3 (Iarr) _____ an múinteoir orm na cóipleabhair a bhailiú di gach aon Luan i rang a sé.
4 Ní (díol) _____ an siopadóir oiread is rud amháin aon Luan ar feadh míosa.
5 (Tóg) _____ an fear tithe i gContae na Gaillimhe nuair a bhí sé níos óige.

D **Scríobh na habairtí seo a leanas san Aimsir Ghnáthchaite.**

1 (Can) _____ an grúpa ceol álainn ag gach gceolchoirm anuraidh.
2 Tóg _____ an garda tarrthála a lán daoine ón uisce gach samhradh.
3 (Fág: siad) _____ an scoil agus (tabhair: siad) _____ an bus abhaile gach tráthnóna.
4 (Leag) _____ an Chomhairle gach teach a (tóg) _____ m'athair.
5 (Gearr: mé) _____ an féar gach deireadh seachtaine i rith an tsamhraidh.

An Chéad Réimniú
– briathra caola

Cuir:

–inn	–eadh sibh
–teá	–idís
–eadh sé / sí	–tí
–imis	

leis an bhfréamh.

Caith	Fill	Úsáid
Chaithinn	D'fhillinn	D'úsáidinn
Chaithteá	D'fhillteá	D'úsáidteá
Chaitheadh sé / sí	D'fhilleadh sé / sí	D'úsáideadh sé / sí
Chaithimis	D'fhillimis	D'úsáidimis
Chaitheadh sibh	D'fhilleadh sibh	D'úsáideadh sibh
Chaithidís	D'fhillidís	D'úsáididís
Chaití / Ní chaití	D'fhilltí / Ní fhilltí	D'úsáidtí / Ní úsáidtí
Ní chaithinn	Ní fhillinn	Ní úsáidinn
An gcaiteá?	An bhfillteá?	An úsáidteá ?

Cleachtaí le déanamh

A Scríobh na habairtí seo a leanas san Aimsir Ghnáthchaite.

1. Ní (buail: mé) _____ le mo chara go minic anuraidh.
2. (Goid) _____ céad míle euro ón mbanc gach mí ar feadh bliana.
3. Ní (tuill) _____ sé ach fiche euro don tseachtain ar fad nuair a bhíodh sé ag obair sa siopa áitiúil.
4. (Léim) _____ an capall thar an mballa go minic agus (rith) _____ an feirmeoir ina dhiaidh.
5. (Úsáid: sinn) _____ an fón póca ní ba mhinice nuair a bhí mé óg.

Scríobh na habairtí seo a leanas san Aimsir Ghnáthchaite.

1 (Mill) _____ sé an turas ar an rang i gcónaí mar go mbíodh sé ag ól.
2 Ní (tuig) _____ sé an ceacht riamh.
3 Ní (géill) _____ an bus ná an carr ag an gcrosbhóthar agus (buail: siad) _____ in aghaidh a chéile go rialta.
4 (Séid) _____ an tiománaí an adharc agus (léim) _____ an coisí as an mbealach.
5 Nuair a bhíodh scrúdú pianó agam (seinn: mé) _____ go maith.

C **Scríobh na habairtí seo a leanas san Aimsir Ghnáthchaite.**

1 Aon uair a (caill) _____ mo mháthair a cuid airgid (cuir) _____ sí an milleán orm.
2 (Teip) _____ orm sa scrúdú agus bhíodh díomá an domhain orm.
3 (Blais) _____ sé an bia ach (caith) _____ sé amach as a bhéal é láithreach bonn mar go mbíodh sé lofa.
4 (Bain) _____ geit as mo chara nuair a bhíodh taibhse sa seomra.
5 (Fág: sinn) _____ an teach ag a trí agus (sroich: sinn) _____ an pháirc ag an ceathair gach aon tráthnóna Aoine.

D **Scríobh na habairtí seo a leanas san Aimsir Ghnáthchaite.**

1 Ní (caith: mé) _____ aon airgead nuair nach mbínn ag obair.
2 (Bris) _____ sé a spéaclaí nuair a (buail) _____ a chara é.
3 (Troid) _____ na buachaillí sa chlós gach seans a d'fhaighidís.
4 Ní (tuig) _____ sí an ceacht Fraincise riamh agus (úsáid) _____ sí an foclóir.
5 (Rith) _____ na gadaithe isteach sa siopa, (béic: siad) _____ ar na custaiméirí, (cuir: siad) _____ ina luí ar an urlár iad agus (goid: siad) _____ an t-airgead i siopa difriúil ar feadh bliana.

E **Scríobh na habairtí seo a leanas san Aimsir Ghnáthchaite.**

1 (Caith: mé) _____ gach Luan anuraidh ag staidéar.
2 Ní (éist) _____ sé riamh sa rang agus (lig) _____ an múinteoir scread as go minic.
3 (Fill) _____ an fear ar a bhaile dúchais ar a laethanta saoire le fiche bliain.
4 Ní (tuig) _____ an cailín bocht oiread is ceist amháin agus í ar scoil.
5 I gcónaí (bris) _____ an bhó an claí a thógadh an feirmeoir.

An Chéad Réimniú
– briathra a chríochnaíonn le '-gh'

Suigh	Pléigh	Buaigh
Shuínn	Phléinn	Bhuainn
Shuiteá	Phléiteá	Bhuaiteá
Shuíodh sé / sí	Phléadh sé / sí	Bhuadh sé / sí
Shuímis	Phléimis	Bhuaimis
Shuíodh sibh	Phléadh sibh	Bhuadh sibh
Shuídís	Phléidís	Bhuaidís
Shuítí / Ní shuítí	Phléití / Ní phléití	Bhuaití / Ní bhuaití
Ní shuínn	Ní phléinn	Ní bhuainn
An suíteá?	An bpléiteá?	An mbuaiteá?

Cleachtaí le déanamh

A Scríobh na habairtí seo a leanas san Aimsir Ghnáthchaite.

1 (Pléigh: sinn) _____ fadhb an óil sa rang ar scoil gach lá anuraidh.

2 Ní (nigh) _____ sí í féin go minic agus bhíodh boladh bréan uaithi.

3 (Léigh: sinn) _____ an leabhar sin ag an an gclub leabhair go minic.

4 Bhíodh áthas an domhain orm nuair a (buaigh) _____ m'fhoireann an chraobh.

5 Bhídís tuirseach traochta agus (suigh: siad) _____ síos ar an bhféar.

B Scríobh na habairtí seo a leanas san Aimsir Ghnáthchaite.

1 (Luigh) _____ sé siar ar an leaba agus (tit) _____ a chodladh air tar éis lá fada oibre.

2 (Glaoigh) _____ mo chara orm ar an bhfón nuair a bhíodh sí i dtrioblóid.

3 Aon uair a bhíodh aon duine tinn (guigh) _____ an rang air.

4 Ní (pléigh: mé) _____ an aiste le mo chara mar ní bhíodh suim aici inti.

5 Is cuimhin liom go mbíodh leath lae againn nuair a (buaigh) _____ mo scoil na comórtais spóirt.

An Aimsir Ghnáthchaite
– briathra le dhá shiolla sa chéad réimniú a chríochnaíonn ar '-áil' nó '-áin'

Sábháil	*Tiomáin	Taispeáin
Shábhálainn	Thiomáininn	Thaispeánainn
Shábháilteá	Thiomáintí	Thaispeántá
Shábháladh sé / sí	Thiomáineadh sé / sí	Thaispeánadh sé / sí
Shábhálaimis	Thiomáinimis	Thaispeánaimis
Shábháladh sibh	Thiomáineadh sibh	Thaispeánadh sibh
Shábhálaidís	Thiomáinidís	Thaispeánaidís
Shábháiltí / Ní shábháiltí	Thiomáintí / Ní thiomáintí	Thaispeántaí / Ní thaispeántaí
Ní shábhálainn	Ní thiomáininn	Ní thaispeánainn
An sábháiltí?	An dtiomáintí?	An dtaispeántá?

*Tabhair faoi deara gur eisceacht é an briathar 'tiomáin' mar go bhfanann sé caol tríd síos.

An Dara Réimniú
– briathra leathana

Bain '-aigh' den bhriathar agus cuir:

–aínn	–aíodh sibh
–aíteá	–aídís
–aíodh sé / sí	–aítí
–aímis	

leis an bhfréamh, m. sh., ceannaigh ➞ ceann ➞ cheannaínn.

Ceannaigh	Fostaigh	Ullmhaigh
Cheannaínn	D'fhostaínn	D'ullmhaínn
Cheannaíteá	D'fhostaíteá	D'ullmhaíteá
Cheannaíodh sé / sí	D'fhostaíodh sé / sí	D'ullmhaíodh sé / sí
Cheannaímis	D'fhostaímis	D'ullmhaímis
Cheannaíodh sibh	D'fhostaíodh sibh	D'ullmhaíodh sibh
Cheannaídís	D'fhostaídís	D'ullmhaídís
Cheannaítí / Ní cheannaítí	D'fhostaítí / Ní fhostaítí	D'ullmhaítí / Ní ullmhaítí
Ní cheannaínn	Ní fhostaínn	Ní ullmhaínn
An gceannaíteá?	An bhfostaíteá?	An ullmhaíteá?

Cleachtaí le déanamh

A Scríobh na habairtí seo a leanas san Aimsir Ghnáthchaite.

1 Nuair a bhíodh an múinteoir tinn ní (ceartaigh) _____ sí na cóipleabhair.

2 (Éalaigh) _____ na hainmhithe ón zú go minic.

3 (Brostaigh) _____ an páiste abhaile ón scoil nuair a bhíodh deifir air.

4 Nuair a bhíodh sioc ar na bóithre (sleamhnaigh) _____ na carranna orthu.

5 Ní (ceannaigh: sinn) _____ aon rud sa siopa nuair nach mbíodh aon airgead againn.

B Scríobh na habairtí seo a leanas san Aimsir Ghnáthchaite.

1 (Diúltaigh) _____ mo mháthair aon airgead breise a thabhairt dom.

2 (Gortaigh) _____ an leanbh a cheann gach aon uair a (tit) _____ sé den phram.

3 (Ullmhaigh: mé) _____ go maith don scrúdú nuair a bhí mé sa bhunscoil.

4 Nuair a (caill) _____ m'athair a chuid eochracha (cuardaigh) _____ sé an teach ó bhun go barr agus (aimsigh) _____ sé iad.

5 (Cónaigh) _____ mo mháthair faoin tuath.

C Scríobh na habairtí seo a leanas san Aimsir Ghnáthchaite.

1 Ní (críochnaigh) _____ sé an obair bhaile go luath agus mar sin ní (féach) _____ sé ar an teilifís riamh.

2 (Socraigh: mé) _____ dul go dtí an phictiúrlann le mo chairde go minic anuraidh.

3 Nuair a (mothaigh: mé) _____ brónach (breathnaigh: mé) _____ ar scannán greannmhar.

4 (Ordaigh) _____ an múinteoir dó an obair bhaile a dhéanamh arís nuair a (diúltaigh) _____ sé an aiste a dhéanamh.

5 Aon uair a bhíodh robáil ann (fiosraigh) _____ agus (scrúdaigh) _____ na Gardaí an suíomh.

Scríobh na habairtí seo a leanas san Aimsir Ghnáthchaite.

1   An (cabhraigh: tú) _____ le do thuismitheoirí nuair a bhíodh cúnamh uathu?

2   Nuair a (mothaigh) _____ sí an-tinn (caith) _____ sí an lá sa leaba.

3   (Tosaigh) _____ an t-aonach saothair ag a trí agus (ceannaigh: mé) _____ a lán earraí éagsúla ann.

4   (Roghnaigh) _____ an múinteoir an buachaill óg don chomórtas agus (mothaigh) _____ sé an-bhródúil.

5   (Fostaigh) _____ an mhonarcha a lán daoine na blianta ó shin.

An Dara Réimniú
– briathra caola

Bain '**-igh**' den bhriathar agus cuir:

–ínn	–íodh sibh
–íteá	–ídís
–íodh sé / sí	–ítí
–ímis	

leis an bhfréamh, m. sh., cuidigh ➞ cuid ➞ chuidínn.

Cuidigh	Cuimhnigh	Oibrigh
Chuidínn	Chuimhnínn	D'oibrínn
Chuidíteá	Chuimhníteá	D'oibríteá
Chuidíodh sé / sí	Chuimhníodh sé / sí	D'oibríodh sé / sí
Chuidímis	Chuimhnímis	D'oibrímis
Chuidíodh sibh	Chuimhníodh sibh	D'oibríodh sibh
Chuidídís	Chuimhnídís	D'oibrídís
Chuidítí / Ní chuidítí	Chuimhnítí / Ní chuimhnítí	D'oibrítí / Ní oibrítí
Ní chuidínn	Ní chuimhnínn	Ní oibrínn
An gcuidítí?	An gcuimhníteá?	An oibríteá?

Cleachtaí le déanamh

A Scríobh na habairtí seo a leanas san Aimsir Ghnáthchaite.

1 (Bailigh: mé) _____ na cuairteoirí
   ón traein gach Satharn anuraidh.
2 Ní (éirigh: siad) _____ in am
   agus (imigh) _____ an bus gan iad.
3 (Foilsigh) _____ an scoil leabhar
   na bliana i rith an tsamhraidh le deich
   mbliana anuas.
4 Nuair a (cóirigh: sinn) _____ na
   leapacha (imigh: sinn) _____
   amach.
5 (Imigh) _____ na cailíní ar scoil
   gach lá anuraidh.

B Scríobh na habairtí seo a leanas san Aimsir Ghnáthchaite.

1 Ní (cóirigh) _____ sé a leaba agus (éirigh) _____ a mháthair
   feargach leis.
2 Ní (dúisigh: mé) _____ in am mura (clois) _____ an clog.
3 Nuair a (impigh: mé) _____ ar mo chara iasacht airgid a thabhairt
   dom (diúltaigh) _____ sí.
4 Ní (oibrigh) _____ sé go dian agus ní (éirigh) _____ leis
   ina chuid scrúduithe.
5 Ní (cuimhnigh) _____ sí ar bhreithlá a máthar riamh agus (maslaigh)
   _____ sí í.

C Scríobh na habairtí seo a leanas san Aimsir Ghnáthchaite.

1 (Aistrigh) _____ mé leabhair Bhéarla go Gaeilge go minic.
2 Toisc go (oibrigh) _____ sé go dian i gcónaí (éirigh) _____ go
   hiontach leis.
3 (Bailigh: siad) _____ a lán airgid i gcomhair Goal gach Nollaig.
4 Ní (dúisigh: mé) _____ in am agus ní (éirigh) _____ liom an
   scoil a shroichint in am nuair a bhí mé i rang a sé.
5 (Cóirigh) _____ sí a leaba agus (glan) _____ sí a seomra
   codlata go minic.

D Scríobh na habairtí seo a leanas san Aimsir Ghnáthchaite.

1 An (foghlaim: siad) _____ tada ar scoil riamh?
2 Ní (foilsigh) _____ an nuachtán an scéal faoin bpolaiteoir sin ach (craol) _____ TV3 an scéal go minic.

3 Nuair a (stop) _____ an bus (imigh) _____ na paisinéirí go léir abhaile.
4 (Éirigh) _____ liom sa scrúdú mar (dírigh: mé) _____ ar an obair.
5 (Imigh) _____ an buachaill óg abhaile ar nós na gaoithe nuair a d'fheiceadh sé madra mór.

An Dara Réimniú
– briathra a chríochnaíonn le '-ir', '-ail', '-is', '-il'

Coimriú: cailliúint guta(í) nó siolla ó lár focail.

Bain an **guta nó gutaí deireanacha** den bhriathar agus cuir:

–aínn nó –ínn   –aíodh sibh
–aíteá nó –íteá   –aídís –ídís
–aíodh sé / sí nó –íodh sé / sí   –aítí nó –ítí
–aímis nó –ímis

leis an bhfréamh, m. sh., codail → codl → chodlaínn.

Codail	Freagair	Inis
Chodlaínn	D'fhreagraínn	D'insínn
Chodlaíteá	D'fhreagraíteá	D'insíteá
Chodlaíodh sé / sí	D'fhreagraíodh sé / sí	D'insíodh sé / sí
Chodlaímis	D'fhreagraímis	D'insímis
Chodlaíodh sibh	D'fhreagraíodh sibh	D'insíodh sibh
Chodlaídís	D'fhreagraídís	D'insídís
Chodlaítí / Ní chodlaítí	D'fhreagraítí / Ní fhreagraítí	D'insítí / Ní insítí
Ní chodlaínn	Ní fhreagraínn	Ní insínn
An gcodlaíteá?	An bhfreagraíteá?	An insíteá?

Cleachtaí le déanamh

A Scríobh na habairtí seo a leanas san Aimsir Ghnáthchaite.

1   (Fógair) _____ an múinteoir torthaí na scrúduithe gach Aoine.
2   (Iompair) _____ an fear an buachaill óg ar a dhroim.
3   Ní (labhair) _____ mo chara liom aon uair a bhíodh drochaoibh uirthi.
4   Nuair a (oscail) _____ an bhean an doras (éalaigh) _____ na lasracha.
5   (Ceangail) _____ sé an madra den chuaille nuair a théadh sé isteach sa siopa.

B Scríobh na habairtí seo a leanas san Aimsir Ghnáthchaite.

1   (Eitil: mé) _____ ó Bhaile Átha Cliath go Londain go minic anuraidh.
2   (Imir: sinn) _____ cluiche iontach gach aon deireadh seachtaine anuraidh.
3   (Cosain) _____ tithe nua milliún euro deich mbliana ó shin.
4   (Bagair) _____ an feirmeoir a mhadra ar na buachaillí dána nuair a bhídís ag cur isteach air.
5   Ní (aithin) _____ a seanmháthair aon duine.

C Scríobh na habairtí seo a leanas san Aimsir Ghnáthchaite.

1   (Freagair: mé) _____ aon cheist a chuireadh an múinteoir orm.
2   Ní (oscail) _____ sí aon bhronntanas go dtí a breithlá.
3   (Eitil: sinn) _____ go Gaillimh ó Bhaile Átha Cliath go minic.
4   Ní (imir: siad) _____ aon chluiche sa gheimhreadh toisc na drochaimsire.
5   (Aithin: siad) _____ a ngaolta nuair a thagaidís ar saoire.

D Scríobh na habairtí seo a leanas san Aimsir Ghnáthchaite.

1   (Cosain) _____ an scáth fearthainne mé ón mbáisteach nuair a bhíodh sé ag cur báistí.
2   (Codail: siad) _____ go sámh aon uair a bhíodh tuirse orthu.
3   An (inis) _____ Seán bréag duit nuair a bhíodh sé i dtrioblóid?
4   An (labhair) _____ an múinteoir leis an rang gach maidin faoin obair bhaile?
5   Ní (freagair) _____ sí an cheist agus bhíodh fearg ar an múinteoir.

An Aimsir Ghnáthchaite
– briathra neamhrialta

Bí	Abair
Bhínn	Deirinn
Bhíteá	Deirteá
Bhíodh sé / sí	Deireadh sé / sí
Bhímis	Deirimis
Bhíodh sibh	Deireadh sibh
Bhídís	Deiridís
Bhítí / Ní bhítí	Deirtí / Ní deirtí
Ní bhínn / Ní bhímis	Ní deirinn / Ní deirimis
An mbíteá?	An ndeirteá?

Feic	Faigh
D'fheicinn	D'fhaighinn
D'fheicteá	D'fhaighteá
D'fheiceadh sé / sí	D'fhaigheadh sé / sí
D'fheicimis	D'fhaighimis
D'fheiceadh sibh	D'fhaigheadh sibh
D'fheicidís	D'fhaighidís
D'fheictí / Ní fheictí	D'fhaightí / Ní fhaightí
Ní fheicinn / Ní fheicimis	Ní fhaighinn / Ní fhaighimis
An bhfeicteá?	An bhfaighteá?

Téigh

Théinn

Théiteá

Théadh sé / sí

Théimis

Théadh sibh

Théidís

Théití / Ní théití

Ní théinn / Ní théimis

An dtéiteá?

Déan

Dhéanainn

Dhéantá

Dhéanadh sé / sí

Dhéanaimis

Dhéanadh sibh

Dhéanaidís

Dhéantaí / Ní dhéantaí

Ní dhéanainn / Ní dhéanaimis

An ndéantá?

Beir

Bheirinn

Bheirteá

Bheireadh sé / sí

Bheirimis

Bheireadh sibh

Bheiridís

Bheirtí / Ní bheirtí

Ní bheirinn / Ní bheirimis

An mbeirteá?

Clois

Chloisinn

Chloisteá

Chloiseadh sé / sí

Chloisimis

Chloiseadh sibh

Chloisidís

Chloistí / Ní chloistí

Ní chloisinn / Ní chloisimis

An gcloisteá?

Ith	Tabhair
D'ithinn	Thugainn
D'iteá	Thugtá
D'itheadh sé / sí	Thugadh sé / sí
D'ithimis	Thugaimis
D'itheadh sibh	Thugadh sibh
D'ithidís	Thugaidís
D'ití / Ní ití	Thugtaí / Ní thugtaí
Ní ithinn / Ní ithimis	Ní thugainn / Ní thugaimis
An iteá?	An dtugtá?

Tar

Thagainn

Thagtá

Thagadh sé / sí

Thagaimis

Thagadh sibh

Thagaidís

Thagtaí / Ní thagtaí

Ní thagainn / Ní thagaimis

An dtagtá?

Cleachtaí le déanamh

A **Scríobh na habairtí seo a leanas san Aimsir Ghnáthchaite.**

1. (Téigh: mé) _____ ar scoil ag a hocht a chlog nuair a (bí: mé) _____ ar siúl.

2. Ní (déan) _____ sé a chuid obair bhaile nuair a (téigh) _____ sé abhaile.

3. (Beir) _____ na Gardaí ar an ngadaí aon uair a (clois: siad) _____ faoin robáil sa bhanc.

4. (Abair) _____ an múinteoir leis an rang nach mbeadh aon obair bhaile acu gach Aoine.

5. (Feic) _____ sí a cara nuair a (téigh) _____ sí ar cuairt chuici san ospidéal.

B Scríobh na habairtí seo a leanas san Aimsir Ghnáthchaite.

1   (Bí) _____ an Taoiseach ar cuairt sa scoil aon uair a (faigh) _____ sé cuireadh.

2   Ní (faigh: mé) _____ aon bhronntanas ó mo chara ar mo bhreithlá agus (bí) _____ díomá orm.

3   (Tabhair: mé) _____ aire do mo dhearbháir beag gach Aoine nuair a (téigh) _____ mo thuismitheoirí amach.

4   (Beir) _____ na Gardaí ar na gadaithe nuair a (clois) _____ faoin robáil.

5   Ní (faigh) _____ siad cuireadh go dtí an chóisir agus mar sin ní (tar) _____ siad.

C Scríobh na habairtí seo a leanas san Aimsir Ghnáthchaite.

1   (Feic) _____ agus (clois) _____ sé a chara ar an mbus gach maidin anuraidh.

2   Ní (ith: mé) _____ aon bhricfeasta agus (bí) _____ ocras an domhain orm.

3   Ní (déan) _____ sé an obair bhaile in am agus (tabhair) _____ an múinteoir íde béil dó.

4   Ní (abair) _____ sé aon rud lena mháthair faoin tatú agus (bí) _____ sé i dtrioblóid nuair a (tar) _____ sé abhaile.

5   (Téigh) _____ sé abhaile agus (déan) _____ sé a chuid obair bhaile nuair a (bí) _____ an t-am aige.

D Scríobh na habairtí seo a leanas san Aimsir Ghnáthchaite.

1   (Déan: mé) _____ praiseach den obair agus (bí) _____ na múinteoirí crosta liom.

2   Ní (téigh: siad) _____ ag siopadóireacht agus ní (faigh: siad) _____ éadaí nua.

3   Aon uair a (ith) _____ sí an iomarca (bí) _____ sí tinn.

4   (Imigh) _____ mo thuismitheoirí ar a gcuid laethanta saoire agus (bí) _____ an teach ina phraiseach nuair a (tar) _____ abhaile.

5   Ní (feic: mé) _____ agus ní (clois: mé) _____ aon rud toisc go (téigh: mé) _____ a chodladh.

Súil Siar ar an Aimsir Ghnáthchaite

A **Scríobh na habairtí seo a leanas san Aimsir Ghnáthchaite.**

1 (Caill: mé) _____ mo chuid airgid agus (cuardaigh: mé) _____ an teach ó bhun go barr go minic nuair a bhí mé óg.

2 (Déan) _____ sé an scrúdú ach ní (éirigh) _____ go maith leis ann toisc nach (déan) _____ sé aon staidéar.

3 (Ceannaigh) _____ sé bronntanas dom ar mo bhreithlá le fiche bliain anuas.

4 (Glan) _____ mo chlann an teach gach deireadh seachtaine nuair a (bí) _____ cuairteoirí ag teacht.

5 Nuair a (tosaigh) _____ sé ag cur báistí (brostaigh: siad) _____ abhaile.

B **Scríobh na habairtí seo a leanas san Aimsir Ghnáthchaite.**

1 Nuair a (fill) _____ mo dheartháir abhaile ón Astráil gach Nollaig (téigh) _____ an chlann ar fad amach go dtí an t-aerfort.

2 Ní (bailigh) _____ an múinteoir na cóipleabhair agus ní (ceartaigh) _____ sé iad.

3 Gach uair a (déan) _____ Seán dearmad ar a fheisteas spóirt (bí) _____ an traenálaí ar buile leis.

4 Ní (téigh) _____ Máire ar scoil ar feadh cúpla lá sa mhí agus mar sin (caill) _____ sí amach ar a lán ranganna.

5 (Suigh: mé) _____ síos gach oíche anuraidh agus (féach: mé) _____ ar an teilifís.

Caibidil 11
An Saorbhriathar

- In ionad abairtí cosúil le 'déanann sé' nó 'ceapann daoine' nó 'beidh daoine ag …' a rá is féidir an saorbhriathar a úsáid – déantar nó ceaptar nó beifear.
- Nílimid ag rá cé a dhéanann an gníomh ach uaireanta is Gaeilge níos deise atá ann. Tá saorbhriathar ag gach aon bhriathar agus i ngach aon aimsir.

An Saorbhriathar, An Aimsir Chaite, An Chéad Réimniú

Cuir '–adh' nó '–eadh' le fréamh an bhriathair.

Briathar	Saorbhriathar	Saorbhriathar — Diúltach
Ceap	Ceapadh	Níor ceapadh
Díol	Díoladh	Níor díoladh
Féach	Féachadh	Níor féachadh
Glan	Glanadh	Níor glanadh
Ól	Óladh	Níor óladh
Bris	Briseadh	Níor briseadh
Caill	Cailleadh	Níor cailleadh
Caith	Caitheadh	Níor caitheadh
Cuir	Cuireadh	Níor cuireadh
Éist	Éisteadh	Níor éisteadh
Goid	Goideadh	Níor goideadh
Úsáid	Úsáideadh	Níor úsáideadh

Cleachtaí le déanamh

A   **Scríobh an saorbhriathar de na briathra seo a leanas.**

1   (Bain) _____ sméara dubha an fómhar seo caite.
2   Níor (tuill) _____ mórán airgid sa siopa sin riamh.
3   (Éist) _____ leis an raidió i mo theach.
4   (Can) _____ a lán amhrán sa chomórtas tallainne anuraidh.
5   (Pléigh) _____ an t-ábhar sin sa rang inné.

An Saorbhriathar, An Aimsir Chaite, An Dara Réimniú

Sa Dara Réimniú úsáidtear '-aíodh' nó '-íodh' chun an saorbhriathar a dhéanamh.

Briathar	Saorbhriathar	Saorbhriathar — Diúltach
Cabhraigh	Cabhraíodh	Níor cabhraíodh
Ceannaigh	Ceannaíodh	Níor ceannaíodh
Críochnaigh	Críochnaíodh	Níor críochnaíodh
Gortaigh	Gortaíodh	Níor gortaíodh
Tosaigh	Tosaíodh	Níor tosaíodh
Ullmhaigh	Ullmhaíodh	Níor ullmhaíodh
Bailigh	Bailíodh	Níor bailíodh
Cuimhnigh	Cuimhníodh	Níor cuimhníodh
Oibrigh	Oibríodh	Níor oibríodh
Freagair	Freagraíodh	Níor freagraíodh
Imir	Imríodh	Níor imríodh
Oscail	Osclaíodh	Níor osclaíodh

Cleachtaí le déanamh

A Scríobh an saorbhriathar de na briathra seo a leanas.

1 Níor (críochnaigh) _____ an obair in am riamh.
2 (Ullmhaigh) _____ béile do mo thuismitheoirí Dé Domhnaigh seo caite.
3 (Gortaigh) _____ a lán daoine ag na cluichí anuraidh.
4 (Freagair) _____ na ceisteanna ar fad am éigin.
5 (Oscail) _____ doirse na scoile maidin inné ag a hocht.

B Aistrigh na habairtí seo a leanas go Gaeilge.

1 The site was examined after the accident.
2 The copies were corrected yesterday.
3 The child was woken at seven yesterday morning.
4 The birthday was remembered last year.
5 A new captain was chosen yesterday.

An Saorbhriathar, An Aimsir Chaite
– briathra neamhrialta

Briathar	Saorbhriathar	Saorbhriathar — Diúltach
Bí	Bhíothas	Ní rabhthas
Abair	Dúradh	Ní dúradh
Feic	Chonacthas	Ní fhacthas
Faigh	Fuarthas	Ní bhfuarthas
Téigh	Chuathas	Ní dheacthas
Déan	Rinneadh	Ní dhearnadh
Beir	Rugadh	Níor rugadh
Clois	Chualathas	Níor chualathas
Ith	Itheadh	Níor itheadh
Tabhair	Tugadh	Níor tugadh
Tar	Thángthas	Níor thángthas

Cleachtaí le déanamh

A   **Scríobh an saorbhriathar de na briathra seo a leanas.**

1. (Déan) _____ a lán botún sna scrúduithe an tseachtain seo caite.
2. (Ith) _____ a lán milseán in Éirinn anuraidh.
3. (Clois) _____ a lán cainte ag teacht ón rang sin inné.
4. (Faigh) _____ a lán bronntanas ag an Nollaig an bhliain seo caite.
5. (Tabhair) _____ a lán obair bhaile don rang inné.

B   **Aistrigh na habairtí seo a leanas go Gaeilge.**

1. A lot of food was eaten in my house yesterday.
2. The thieves were always caught.
3. Birthdays were always forgotten.
4. It was always said that it was hot in Spain.
5. Famous people were always seen in Hollywood.

An Saorbhriathar, An Aimsir Láithreach, An Chéad Réimniú

Cuir '-tar' nó '-tear' le fréamh an bhriathair.

Briathar	Saorbhriathar	Saorbhriathar — Diúltach
Ceap	Ceaptar	Ní cheaptar
Díol	Díoltar	Ní dhíoltar
Féach	Féachtar	Ní fhéachtar
Glan	Glantar	Ní ghlantar
Ól	Óltar	Ní óltar
Bris	Bristear	Ní bhristear
Caith	Cailltear	Ní chailltear
Caill	Caitear	Ní chaitear
Cuir	Cuirtear	Ní chuirtear
Éist	Éistear	Ní éistear
Goid	Goidtear	Ní ghoidtear
Úsáid	Úsáidtear	Ní úsáidtear

Cleachtaí le déanamh

A Scríobh an saorbhriathar de na briathra seo a leanas.

1 (Léigh) _____ nuachtán in a lán tithe in Éirinn.
2 (Féach) _____ ar *Eastenders* i mo theach gach oíche.
3 (Scríobh) _____ aiste gach mí.
4 (Buail) _____ bob ar dhaoine go héasca.
5 (Ól) _____ a lán bainne in Éirinn.

B Aistrigh na habairtí seo a leanas go Gaeilge.

1 A lot of money is lost in Ireland every year.
2 Houses are broken into very often.
3 A lot of animals are left out in the cold every winter.
4 The radio is listened to every morning.
5 Many cars are stolen every year.

An Saorbhriathar, An Aimsir Láithreach, An Dara Réimniú

Úsáidtear '-aítear' nó '-ítear' chun an saorbhriathar a dhéanamh sa Dara Réimniú.

Briathar	Saorbhriathar	Saorbhriathar — Diúltach
Cabhraigh	Cabhraítear	Ní chabhraítear
Ceannaigh	Ceannaítear	Ní cheannaítear
Críochnaigh	Críochnaítear	Ní chríochnaítear
Gortaigh	Gortaítear	Ní ghortaítear
Tosaigh	Tosaítear	Ní thosaítear
Ullmhaigh	Ullmhaítear	Ní ullmhaítear
Bailigh	Bailítear	Ní bhailítear
Cuimhnigh	Cuimhnítear	Ní chuimhnítear
Oibrigh	Oibrítear	Ní oibrítear
Freagair	Freagraítear	Ní fhreagraítear
Imir	Imrítear	Ní imrítear
Oscail	Osclaítear	Nó osclaítear

Cleachtaí le déanamh

A **Scríobh an saorbhriathar de na briathra seo a leanas.**

1 Ní (críochnaigh) _____ an obair in am riamh.
2 (Ullmhaigh) _____ béile do mo thuismitheoirí gach Domhnach.
3 (Gortaigh) _____ a lán daoine ag na cluichí gach bliain.
4 (Freagair) _____ na ceisteanna ar fad am éigin.
5 (Oscail) _____ doirse na scoile gach maidin ag a hocht.

B **Aistrigh na habairtí seo a leanas go Gaeilge.**

1 The site is always examined after an accident.
2 The copies are corrected every day.
3 The child is woken at seven every morning.
4 The birthday is remembered every year.
5 A new captain is chosen every year.

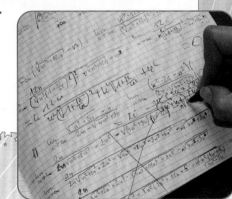

An Saorbhriathar, An Aimsir Láithreach
– briathra neamhrialta

Briathar	Saorbhriathar	Saorbhriathar — Diúltach
Bí	Táthar	Níltear
Bí	Bítear	Ní bhítear
Abair	Deirtear	Ní deirtear
Feic	Feictear	Ní fheictear
Faigh	Faightear	Ní fhaightear
Téigh	Téitear	Ní théitear
Déan	Déantar	Ní dhéantar
Beir	Beirtear	Ní bheirtear
Clois	Cloistear	Ní chloistear
Ith	Itear	Ní itear
Tabhair	Tugtar	Ní thugtar
Tar	Tagtar	Ní thagtar

Cleachtaí le déanamh

A Scríobh an saorbhriathar de na briathra seo a leanas.

1 (Beir) _____ a lán páistí in Éirinn gach uile bhliain.
2 (Tar) _____ ar an bhfear a bhí caillte.
3 (Bí) _____ ag tuar go mbeidh sneachta ann go luath.
4 (Déan) _____ praiseach den obair sin go minic.
5 Ní (tabhair) _____ an dara seans do dhaoine anseo.

B Aistrigh na habairtí seo a leanas go Gaeilge.

1 A lot of food is eaten in my house.
2 The thieves are always caught.
3 Birthdays are always forgotten.
4 It's always said that it's hot in Spain.
5 Famous people are always seen in Hollywood.

An Saorbhriathar, An Aimsir Fháistineach, An Chéad Réimniú

Cuir 'far' nó 'fear' le fréamh an bhriathair.

Briathar	Saorbhriathar	Saorbhriathar — Diúltach
Ceap	Ceapfar	Ní cheapfar
Díol	Díolfar	Ní dhíolfar
Féach	Féachfar	Ní fhéachfar
Geall	Geallfar	Ní gheallfar
Glan	Glanfar	Ní ghlanfar
Ól	Ólfar	Ní ólfar
Bris	Brisfear	Ní bhrisfear
Caill	Caillfear	Ní chaillfear
Caith	Caithfear	Ní chaithfear
Cuir	Cuirfear	Ní chuirfear
Éist	Éistfear	Ní éistfear
Goid	Goidfear	Ní ghoidfear
Úsáid	Úsáidfear	Ní úsáidfear

Cleachtaí le déanamh

A   **Scríobh an saorbhriathar de na briathra seo a leanas.**

1. (Bain) _____ sméara dubha an fómhar seo chugainn.
2. Ní (tuill) _____ mórán airgid sa siopa sin riamh.
3. (Éist) _____ leis an raidió i mo theach maidin amárach.
4. (Can) _____ a lán amhrán sa chomórtas tallainne an bhliain seo chugainn.
5. (Pléigh) _____ an t-ábhar sin sa rang an tseachtain seo chugainn.

B   **Aistrigh na habairtí seo a leanas go Gaeilge.**

1. A lot of money will be lost in Ireland next year.
2. Houses will be broken into very often.
3. A lot of animals will be left out in the cold next winter.
4. The radio will be listened to tomorrow morning.
5. Many cars will be stolen this year.

An Saorbhriathar, An Aimsir Fháistineach, An Dara Réimniú

Úsáidtear '-ófar' nó '-eofar' chun an saorbhriathar a dhéanamh sa Dara Réimniú.

Briathar	Saorbhriathar	Saorbhriathar — Diúltach
Cabhraigh	Cabhrófar	Ní chabhrófar
Ceannaigh	Ceannófar	Ní cheannófar
Críochnaigh	Críochnófar	Ní chríochnófar
Gortaigh	Gortófar	Ní ghortófar
Tosaigh	Tosófar	Ní thosófar
Ullmhaigh	Ullmhófar	Ní ullmhófar
Bailigh	Baileofar	Ní bhaileofar
Cuimhnigh	Cuimhneofar	Ní chuimhneofar
Oibrigh	Oibreofar	Ní oibreofar
Freagair	Freagrófar	Ní fhreagrófar
Imir	Imreofar	Ní imreofar
Oscail	Osclófar	Ní osclófar

Cleachtaí le déanamh

A **Scríobh an saorbhriathar de na briathra seo a leanas.**

1 (Imir) _____ cluichí maithe sa scoil sin an deireadh seachtaine seo chugainn.
2 Ní (diúltaigh) _____ d'aon duine sa scoil sin riamh.
3 (Fáiltigh) _____ roimh gach éinne in Éirinn an mhí seo chugainn.
4 (Ainmnigh) _____ a lán páistí i ndiaidh na naomh in Éirinn sa todhchaí.
5 (Inis) _____ a lán bréag sa rang sin amach anseo.

B **Aistrigh na habairtí seo a leanas go Gaeilge.**

1 Many good games will be played in that school.
2 The class will be finished at five tomorrow afternoon.
3 A lot of toys will be bought next Christmas.
4 The beds will be made tomorrow morning.
5 All my questions will be answered at school.

An Saorbhriathar, An Aimsir Fháistineach
– briathra neamhrialta

Briathar	Saorbhriathar	Saorbhriathar — Diúltach
Bí	Beifear	Ní bheifear
Abair	Déarfar	Ní déarfar
Feic	Feicfear	Ní fheicfear
Faigh	Gheofar	Ní bhfaighfear
Téigh	Rachfar	Ní rachfar
Déan	Déanfar	Ní dhéanfar
Beir	Béarfar	Ní bhéarfar
Clois	Cloisfear	Ní chloisfear
Ith	Íosfar	Ní íosfar
Tabhair	Tabharfar	Ní thabharfar
Tar	Tiocfar	Ní thiocfar

Cleachtaí le déanamh

A   Scríobh an saorbhriathar de na briathra seo a leanas.

1   (Déan) _____ a lán botún sna scrúduithe amárach.
2   (Ith) _____ a lán milseán in Éirinn an bhliain seo chugainn.
3   (Clois) _____ a lán cainte ag teacht ón rang sin amárach.
4   (Faigh) _____ a lán bronntanas an Nollaig seo chugainn.
5   (Tabhair) _____ a lán obair bhaile sa scoil seo amárach.

B   Aistrigh na habairtí seo a leanas go Gaeilge.

1   A lot of food will be eaten in my house.
2   The thieves will always be caught.
3   Birthdays will always be forgotten.
4   It will always be said that it's hot in Spain.
5   Famous people will always be seen in Hollywood.

An Saorbhriathar, An Modh Coinníollach, An Chéad Réimniú

Cuir '-faí' nó '-fí' le fréamh an bhriathair.

Briathar	Saorbhriathar	Saorbhriathar — Diúltach
Ceap	Cheapfaí	Ní cheapfaí
Díol	Dhíolfaí	Ní dhíolfaí
Féach	D'fhéachfaí	Ní fhéachfaí
Glan	Ghlanfaí	Ní ghlanfaí
Ól	D'ólfaí	Ní ólfaí
Bris	Bhrisfí	Ní bhrisfí
Caill	Chaillfí	Ní chaillfí
Caith	Chaithfí	Ní chaithfí
Cuir	Chuirfí	Ní chuirfí
Éist	D'éistfí	Ní éistfí
Goid	Ghoidfí	Ní ghoidfí
Úsáid	D'úsáidfí	Ní úsáidfí

Cleachtaí le déanamh

A **Scríobh an saorbhriathar de na briathra seo a leanas.**

1 (Bain) _____ sméara dubha dá mbeidís ag fás.
2 Ní (tuill) _____ mórán airgid sa siopa sin dá mbeadh sé ar oscailt.
3 (Éist) _____ leis an raidió i mo theach dá mbeadh raidió againn.
4 (Can) _____ a lán amhrán sa chomórtas tallainne dá mbeadh sé ar siúl.
5 (Pléigh) _____ an t-ábhar sin sa rang dá mbeadh an múinteoir ann.

B **Aistrigh na habairtí seo a leanas go Gaeilge.**

1 A lot of money would be lost in Ireland.
2 Houses would be broken into very often.
3 A lot of animals would be left out in the cold in winter.
4 The radio would be listened to in the mornings.
5 Many cars would be stolen in Ireland.

An Saorbhriathar, An Modh Coinníollach, An Dara Réimniú

Úsáidtear '-ófaí' nó '-eofaí' chun an saorbhriathar a dhéanamh sa Dara Réimniú.

Briathar	Saorbhriathar	Saorbhriathar — Diúltach
Cabhraigh	Chabhrófaí	Ní chabhrófaí
Ceannaigh	Cheannófaí	Ní cheannófaí
Críochnaigh	Chríochnófaí	Ní chríochnófaí
Gortaigh	Ghortófaí	Ní ghortófaí
Tosaigh	Thosófaí	Ní thosófaí
Ullmhaigh	D'ullmhófaí	Ní ullmhófaí
Bailigh	Bhaileofaí	Ní bhaileofaí
Cuimhnigh	Chuimhneofaí	Ní chuimhneofaí
Oibrigh	D'oibreofaí	Ní oibreofaí
Freagair	D'fhreagrófaí	Ní fhreagrófaí
Imir	D'imreofaí	Ní imreofaí
Oscail	D'osclófaí	Ní osclófaí

Cleachtaí le déanamh

A **Scríobh an saorbhriathar de na briathra seo a leanas.**

1 (Imir) _____ cluichí maithe dá mbeadh dhá fhoireann mhaithe ann.
2 Ní (diúltaigh) _____ d'aon duine sa scoil sin dá gcuirfidís iarratas isteach.
3 (Fáiltigh) _____ roimh gach éinne sa scoil sin dá mbeadh spás ann dóibh.
4 (Ainmnigh) _____ a lán páistí i ndiaidh na naomh dá mba mhian lena dtuismitheoirí é.
5 (Inis) _____ a lán bréag sa rang sin dá mbeidís i dtrioblóid.

B **Aistrigh na habairtí seo a leanas go Gaeilge.**

1 Many good games would be played in that school.
2 The class would be finished at five.
3 A lot of toys would be bought at Christmas.
4 The beds would be made every morning.
5 All my questions would be answered at school.

An Saorbhriathar, An Modh Coinníollach
– na briathra neamhrialta

Briathar	Saorbhriathar	Saorbhriathar — Diúltach
Bí	Bheifí	Ní bheifí
Abair	Déarfaí	Ní déarfaí
Feic	D'fheicfí	Ní fheicfí
Faigh	Gheofaí	Ní bhfaighfí
Téigh	Rachfaí	Ní rachfaí
Déan	Dhéanfaí	Ní dhéanfaí
Beir	Bhéarfaí	Ní bhéarfaí
Clois	Chloisfí	Ní chloisfí
Ith	D'íosfaí	Ní íosfaí
Tabhair	Thabharfaí	Ní thabharfaí
Tar	Thiocfaí	Ní thiocfaí

Cleachtaí le déanamh

A   Scríobh an saorbhriathar de na briathra seo a leanas.

1. (Déan) _____ a lán botún sna scrúduithe.
2. (Ith) _____ a lán milseán in Éirinn.
3. (Clois) _____ a lán cainte ag teacht ón rang sin.
4. (Faigh) _____ a lán bronntanas ag an Nollaig.
5. (Tabhair) _____ a lán obair bhaile sa scoil seo.

B   Aistrigh na habairtí seo a leanas go Gaeilge.

1. A lot of food would be eaten in my house.
2. The thief would always be caught.
3. Birthdays would always be forgotten.
4. It would be said that Ireland was very rich.
5. Famous people would always be seen in Hollywood.

An Saorbhriathar, An Aimsir Ghnáthchaite, An Chéad Réimniú

Cuir '-taí' nó '-tí' le fréamh an bhriathair.

Briathar	Saorbhriathar	Saorbhriathar — Diúltach
Ceap	Cheaptaí	Ní cheaptaí
Díol	Dhíoltaí	Ní dhíoltaí
Féach	D'fhéachtaí	Ní fhéachtaí
Glan	Ghlantaí	Ní ghlantaí
Ól	D'óltaí	Ní óltaí
Bris	Bhristí	Ní bhristí
Caill	Chailltí	Ní chailltí
Caith	Chaití	Ní chaití
Cuir	Chuirtí	Ní chuirtí
Éist	D'éistí	Ní éistí
Goid	Ghoidtí	Ní ghoidtí
Úsáid	D'úsáidtí	Ní úsáidtí

Cleachtaí le déanamh

A **Scríobh an saorbhriathar de na briathra seo a leanas.**

1. (Bain) _____ sméara dubha sna blianta a chuaigh thart.
2. Ní (tuill) _____ mórán airgid sa siopa sin riamh.
3. (Éist) _____ leis an raidió i mo theach gach maidin anuraidh.
4. (Can) _____ a lán amhrán sa chomórtas tallainne leis na blianta.
5. (Pléigh) _____ an t-ábhar sin sa rang gach seachtain anuraidh.

B **Aistrigh na habairtí seo a leanas go Gaeilge.**

1. The *X Factor* used to be watched in many houses every winter.
2. A lot of letters used to be written to Santa every Christmas.
3. That door never used to be closed.
4. A lot of money used to be spent on mobile phones in Ireland.
5. A lot of lives used to be destroyed by drugs.

An Saorbhriathar, An Aimsir Ghnáthchaite, An Dara Réimniú

Úsáidtear '-aítí' nó '-ítí' chun an saorbhriathar a dhéanamh sa Dara Réimniú.

Briathar	Saorbhriathar	Saorbhriathar — Diúltach
Cabhraigh	Chabhraítí	Ní chabhraítí
Ceannaigh	Cheannaítí	Ní cheannaítí
Críochnaigh	Chríochnaítí	Ní chríochnaítí
Gortaigh	Ghortaítí	Ní ghortaítí
Tosaigh	Thosaítí	Ní thosaítí
Ullmhaigh	D'ullmhaítí	Ní ullmhaítí
Bailigh	Bhailítí	Ní bhailítí
Cuimhnigh	Chuimhnítí	Ní chuimhnítí
Oibrigh	D'oibrítí	Ní oibrítí
Freagair	D'fhreagraítí	Ní fhreagraítí
Imir	D'imrítí	Ní imrítí
Oscail	D'osclaítí	Ní osclaítí

Cleachtaí le déanamh

A   **Scríobh an saorbhriathar de na briathra seo a leanas.**

1   (Imir) _____ cluichí maithe sa scoil sin.
2   Ní (diúltaigh) _____ d'aon duine sa scoil sin.
3   (Fáiltigh) _____ roimh gach éinne sa scoil sin.
4   (Ainmnigh) _____ a lán páistí i ndiaidh na naomh.
5   (Inis) _____ a lán bréag sa rang sin.

B   **Aistrigh na habairtí seo a leanas go Gaeilge.**

1   Many good games used to be played in that school.
2   The class used to be finished at five every afternoon.
3   A lot of toys used to be bought every Christmas.
4   The beds used to be made every morning.
5   All my questions used to be answered at school.

An Saorbhriathar, An Aimsir Ghnáthchaite
– briathra neamhrialta

Briathar	Saorbhriathar	Saorbhriathar — Diúltach
Bí	Bhítí	Ní bhítí
Abair	Deirtí	Ní deirtí
Feic	D'fheictí	Ní fheictí
Faigh	D'fhaightí	Ní fhaightí
Téigh	Théití	Ní théití
Déan	Dhéantaí	Ní dhéantaí
Beir	Bheirtí	Ní bheirtí
Clois	Chloistí	Ní chloistí
Ith	D'ití	Ní ití
Tabhair	Thugtaí	Ní thugtaí
Tar	Thagtaí	Ní thagtaí

Cleachtaí le déanamh

A **Scríobh an saorbhriathar de na briathra seo a leanas.**

1 (Beir) _____ a lán páistí in Éirinn na blianta ó shin.
2 (Tar) _____ abhaile ag a trí gach lá anuraidh.
3 (Bí) _____ ag tuar go mbeadh sneachta ann go minic.
4 (Déan) _____ praiseach den obair sin go minic anuraidh.
5 Ní (tabhair) _____ an dara seans do dhaoine anseo san am a chuaigh thart.

B **Aistrigh na habairtí seo a leanas go Gaeilge.**

1 A lot of food used to be eaten in my house.
2 The thieves always used to be caught.
3 Birthdays always used to be forgotten.
4 It always used to be said that it was hot in Spain.
5 Famous people always used to be seen in Hollywood.

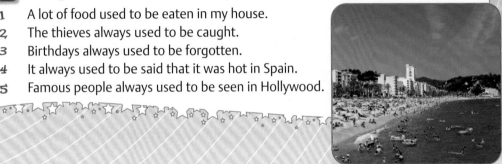

Caibidil 12
An Chopail

- Is í an chopail an focal 'is' nó 'ba', a cheanglaíonn dhá fhocal nó dhá abairtín lena chéile chun ionannas (*identity / equality*) a chur in iúl nó chun béim a chur ar fhocal nó ar abairtín.
- Léiríonn an chopail an ceangal atá idir dhá ainmfhocal nó idir ainmfhocal agus forainm.

An Chopail san Aimsir Láithreach

- **Is** an fhoirm den chopail a úsáidtear san Aimsir Láithreach.

Samplaí

Is cailín álainn	mé.
Is buachaill dathúil	tú.
Is dochtúir maith	é.
Is dochtúir maith	é Seán.
Is innealtóir maith	í.
Is innealtóir maith	í Fíona.
Is Gearmánach	é an fear sin.
Is Éireannach	í an bhean sin.
Is é m'uncail	é.
Is í mo chara	í.
Is amadáin	sinn.
Is múinteoirí	sibh.
Is feirmeoirí	iad.

An Chopail san Aimsir Láithreach, An Fhoirm Dhiúltach agus Cheisteach

- **Ní** an fhoirm dhiúltach den chopail san Aimsir Láithreach; ní chuirtear séimhiú ar an bhfocal ina dhiaidh.
- **An** an fhoirm cheisteach san Aimsir Láithreach; ní chuirtear urú ina dhiaidh.

Samplaí

- Ní cailín álainn   mé.
- Ní buachaill dathúil   tú.
- Ní dochtúir maith   é.
- Ní dochtúir maith   é Seán.
- An innealtóir maith   í?
- Ní innealtóir maith   í Fíona.
- An Gearmánach   é an fear sin?
- Ní Éireannach   í an bhean sin.
- Ní amadáin   sinn.
- Ní múinteoirí   sibh.
- An feirmeoirí   iad na fir sin?

Samplaí eile

- Is maith liom ...   Is breá linn ...
- Is gráin leat ...   Ní mian linn ...
- Is fearr leis ...   An féidir libh ...?
- Is aoibhinn léi ...   Is gráin leo ...
- Is é an *X Factor* an clár ...   Ní mór duit ...

Cleachtaí le déanamh

A   **Aistrigh na habairtí seo a leanas go Gaeilge.**

1   That is a great programme.
2   He's a great poet.
3   I hate maths.
4   She is not a nice person.
5   She is a great teacher.

B   **Aistrigh na habairtí seo a leanas go Gaeilge.**

1   He is the President of America.
2   Úna is a great pupil.
3   His friend is a farmer.
4   Michael Bublé is a great singer.
5   I love French.

C   Aistrigh na habairtí seo a leanas go Gaeilge.

1   Niamh and Aoife are sisters.
2   Seán and Ciarán are friends.
3   Bróna and I are cousins.
4   Máire is my aunt.
5   Colm is my uncle.

1 Christmas is my favourite time of the year.
2 She is a doctor.
3 Sadhbh and Laoise are best friends.
4 That boy is a big fool.
5 Do you like The Coronas?

E **Aistrigh na habairtí seo a leanas go Gaeilge.**

1 Seán is no fool.
2 Máire is the principal of the school.
3 She isn't a good singer.
4 I can't swim.
5 He is a great footballer.

An Chopail san Aimsir Chaite agus sa Mhodh Coinníollach

- **Ba** an fhoirm den chopail a úsáidtear san Aimsir Chaite agus sa Mhodh Coinníollach; cuirtear séimhiú ar an bhfocal ina dhiaidh.
- **B'** an fhoirm a úsáidtear roimh ghuta nó **f** má leanann guta é – b'amadán é; b'fheirmeoir é. **Ba** a úsáidtear roimh é, í, iad, eisean – ba é an file cáiliúil a bhí ag an gcóisir.

Samplaí

- Ba chailín álainn   mé.
- Ba bhuachaill dathúil   tú.
- Ba dhochtúir maith   é.
- Ba dhochtúir maith   é Seán.
- B'innealtóir maith   í.
- B'innealtóir maith   í Fíona.
- Ba Ghearmánach   é an fear sin.
- B'Éireannach   í an bhean sin.
- Ba é m'uncail   é.
- Ba í mo chara   í.
- B'amadáin   sinn.
- Ba mhúinteoirí   sibh.
- B'fheirmeoirí   iad.

An Chopail san Aimsir Chaite agus sa Mhodh Coinníollach, An Fhoirm Dhiúltach agus Cheisteach

- **Níor** an fhoirm dhiúltach den chopail, agus cuireann sé séimhiú ar an bhfocal ina dhiaidh.
- **Níorbh** an fhoirm dhiúltach roimh ghuta nó **f** má leanann guta é.
- **Ar** an fhoirm cheisteach den chopail, agus cuireann sé séimhiú ar an bhfocal ina dhiaidh.
- **Arbh** an fhoirm dhiúltach roimh ghuta nó **f** má leanann guta é

Samplaí

- Níor chailín álainn   mé.
- Níor bhuachaill dathúil   tú.
- Níor dhochtúir maith   é.
- Níor dhochtúir maith   é Seán.
- Arbh innealtóir maith   í?
- Níorbh innealtóir maith   í Fíona.
- Ar Ghearmánach   é an fear sin?
- Níorbh Éireannach   í an bhean sin.
- Níorbh amadáin   sinn.
- Níor mhúinteoirí   sibh.
- Arbh fheirmeoirí   iad na fir sin?

Samplaí eile

Ba mhaith liom ...   Níor bhreá linn ...
Ar ghráin leat ...?   Níor mhian linn ...
B'fhearr leis ...   Arbh fhéidir libh ...?
B'aoibhinn léi ...   Níorbh fhuath leo ...
Ba é an *X Factor* an clár ...   Arbh é sin an fear ...?

Cleachtaí le déanamh

A   Líon na bearnaí sna habairtí seo a leanas.

1   ____ mhúinteoir iontach é Cian nuair a bhí sé ag obair.
2   ____ í sin an duine a bhí sa timpiste?
3   _____ cheart d'aon duine toitín a chaitheamh.
4   ____ mhaith liom an crannchur a bhuachan.
5   ____ ghrúpa cáiliúil é U2 uair.

B **Aistrigh na habairtí seo a leanas go Gaeilge.**

1. I preferred French to German when I was at school.
2. I always loved the winter.
3. We would like to go out tonight.
4. The men on the island were fishermen.
5. He was a teacher when he was younger.

C Aistrigh na habairtí seo a leanas go Gaeilge.

1. Seán was a great poet.
2. That was a sad story.
3. Máire was the school captain when she was at school.
4. I loved English at school.
5. He was a great actor once.

D **Aistrigh na habairtí seo a leanas go Gaeilge.**

1. He always preferred Dublin to Galway.
2. He was never a nice man and she was never a nice woman.
3. U2 was a great band.
4. That was a great concert.
5. Would you like to go to the pictures or would you prefer to stay in?

E Aistrigh na habairtí seo a leanas go Gaeilge.

1. Pádraig was a lazy man.
2. Colm was a famous fisherman.
3. Was that a good college?
4. That was once a huge house.
5. She was a rich woman.

F Aistrigh na habairtí seo a leanas go Gaeilge.

1. She was a brilliant pupil.
2. That was a lazy class.
3. He was a happy child.
4. They were no fools but they were lazy people.
5. We had to go to school in the snow.

Caibidil 13

An Aidiacht Shealbhach

Uimhir Uatha (*singular*)	Uimhir Iolra (*plural*)
mo – *my*	ár – *our*
do – *your*	bhur – *your*
a – *his / her*	a – *their*

⭐ Riail le foghlaim

Roimh chonsan

mo + séimhiú	mo chara	mo dheirfiúr	mo mhadra
do + séimhiú	do chara	do dheirfiúr	do mhadra
a (*his*) + séimhiú	a chara	a dheirfiúr	a mhadra
a (*her*)	a cara	a deirfiúr	a madra
ár + urú	ár gcara	ár ndeirfiúr	ár madra
bhur +urú	bhur gcara	bhur ndeirfiúr	bhur madra
a + urú	a gcara	a ndeirfiúr	a madra

✏️ Cleachtaí le déanamh

A — Athscríobh na habairtí seo a leanas.

1 D'fhág sí a (cóta) _____ ar scoil inné.

2 Ní bhíonn mo (máthair) _____ cantalach riamh.

3 Tá ár (teach) _____ suite faoin tuath.

4 Chaill siad a (cóipleabhair) _____ agus bhí a (múinteoir) _____ ar buile leo.

5 Bhí áthas an domhain ar Sheán nuair a fuair sé a (bronntanais) _____.

B — Athscríobh na habairtí seo a leanas.

1 Thit bhur (peann) _____ as bhur (cás) _____ peann luaidhe inné.

2 Bhíomar go léir an-sásta nuair a d'itheamar ár (béile) _____ blasta aréir.

3 Bhí a (*their*) (dheartháireacha) _____ ar fad ann inné.

4 Scríobh sí a (céad) _____ dán nuair a bhí sí ar scoil.

5 Is aoibhinn le mo (máthair) _____ a (páistí) _____ ar fad.

C | **Athscríobh na habairtí seo a leanas.**

1   Is í Éire a (tír) _____ dhúchais agus is aoibhinn leis í.
2   Ní maith liom do (cairde) _____.
3   Bhí an páiste ag imirt sa láib agus bhí a (bróga) _____ salach.

4   An raibh fearg oraibh nuair a chuaigh bhur (carr) _____ trí thine?
5   Níor chreid mé riamh go bhfaigheadh mo (peata) _____ bás.

D | **Aistrigh na habairtí seo a leanas go Gaeilge.**

1   All his friends came to his party.
2   Their teachers were very happy with the pupils.
3   Her parents were away and all her friends came to her house.
4   The poets wrote all their poems in a day.
5   Did your (plural) team win the match?

Riail le foghlaim
Roimh ghuta

m'	m'athair	m'ábhar
d'	d'athair	d'ábhar
a (his)	a athair	a ábhar
a (her) + h	a hathair	a hábhar
ár + n-	ár n-athair	ár n-ábhar
bhur + n-	bhur n-athair	bhur n-ábhar
a (their) + n-	a n-athair	a n-ábhar

Cleachtaí le déanamh

A **Athscríobh na habairtí seo a leanas.**

1 D'athraíomar ár (intinn) _____ nuair a chonaiceamar an bháisteach.
2 Chaill sé a (uaireadóir) _____ nua inné.
3 Rinne an tseanbhean dearmad ar a (ainm) _____.
4 Bhí áthas orthu nuair a chuimhnigh siad ar a (óige) _____.
5 Thug (mo aintín) _____ cuairt ar a (áit) _____ dúchais.

B **Athscríobh na habairtí seo a leanas.**

1 Léigh gach duine a (ailt) _____ a scríobh siad sa pháipéar.
2 'An ndearna sibh bhur (obair) _____ bhaile?' a d'fhiafraigh an múinteoir.
3 Bhí a (eitilt) _____ déanach agus bhí sí déanach don chruinniú.
4 Stróiceamar ár (éadaí) _____ ar na driseoga.
5 D'fhreastail na gasóga ar a (ard-fheis) _____ an tseachtain seo caite.

C **Athscríobh na habairtí seo a leanas.**

1 Níl (do: eastát) _____ chomh glan le (mo: eastát) _____.
2 Tá a lán rudaí ar a (intinn) _____ agus tá sí buartha.
3 Fuair a (aiste) _____ ardmholadh ón múinteoir agus bhí áthas air.
4 Laghdaigh an rialtas a (íosphá) _____ agus bhí siad bocht dá bharr.
5 D'éirigh go hiontach leo ina (ardteist) _____.

D **Aistrigh na habairtí seo a leanas go Gaeilge.**

1 Their interview (*agallamh*) was at six o'clock.
2 His university was in Dublin.
3 Her plane was in an accident.
4 My face got very red when I forgot his name.
5 Our professor (*ollamh*) was very interesting.

Réamhfhocal agus Aidiacht Shealbhach le chéile

táim	i mo chónaí	i mo sheasamh	i m'fheirmeoir
tá tú	i do chónaí	i do sheasamh	i d'fheirmeoir
tá sé	ina chónaí	ina sheasamh	ina fheirmeoir
tá sí	ina cónaí	ina seasamh	ina feirmeoir
táimid	inár gcónaí	inár seasamh	inár bhfeirmeoirí
tá sibh	in bhur gcónaí	in bhur seasamh	in bhur bhfeirmeoirí
tá siad	ina gcónaí	ina seasamh	ina bhfeirmeoirí

Cleachtaí le déanamh

A **Athscríobh na habairtí seo a leanas.**

1 Tá mo chairde go léir (i: a: cónaí) _____ faoin tuath.
2 Chaith mo sheanmháthair an lá ar fad (i: a: suí) _____ ar an gcathaoir.
3 Bhí sé (i: a: múinteoir) _____ le fada an lá.
4 Níor mhaith leis a bheith (i: a: cónaí) _____ sa Fhrainc.
5 Bhí tuirse orthu mar go raibh siad (i: a: seasamh) _____ an lá ar fad.

B **Athscríobh na habairtí seo a leanas.**

1 Chaith sí a (óige) _____ (i: a: cónaí)
_____ ar fheirm.
2 Ba mhaith leis a bheith (i: a: Garda)
_____ nuair a d'fhágfadh sé an scoil.
3 Ba mhaith léi a bheith (i: a: innealtóir)
_____ nuair a bheadh a (ardteist)
_____ déanta aici.
4 Tá uaigneas orthu mar go bhfuil siad (i: a:
cónaí) _____ i Sligeach ach tá a
(cairde) _____ go léir (i: a: cónaí)
_____ i Sasana.
5 Uaireanta bíonn an múinteoir (i: a: suí)
_____ agus uaireanta eile bíonn sé
(i: a: seasamh) _____.

- Uimhreacha: Leis na focail ceann agus bliain, ní chuirtear séimhiú ar an bhfocal tar éis trí, ceithre, cúig, sé: trí cinn, ceithre cinn, cúig cinn, sé cinn; trí bliana, ceithre bliana, cúig bliana, sé bliana.

  ach leis an bhfocal 'uair'!
  trí huaire, ceithre huaire, cúig huaire, sé huaire

- Sa – Ní chuirtear séimhiú ar fhocal a thosaíonn le d, t nó s – sa teach, sa siopa, sa dún.

  ach!
  Más focal baininscneach atá ann ag tosú le s, cuirtear t roimhe – sa tsráid, sa tsáinn.

Cleachtaí le déanamh

A Athscríobh na habairtí seo a leanas.

1. Bhí eagla ar (Colm) _____ roimh an madra.
2. Bhí an cailín an-(dána) _____ agus bhí an múinteoir crosta léi.
3. Bhí ceithre (madra) _____ sa (cró) _____.
4. D'éalaigh na príosúnaithe ó (príosún) _____ aréir.
5. Bhí sé ina (cónaí) _____ sa (cathair) _____ le fada.

B Athscríobh na habairtí seo a leanas.

1. Ní raibh aon (fuaim) _____ sa (seomra) _____.
2. Bhí an múinteoir an-(feargach) _____ nuair a chuaigh an scoil trí (tine) _____.
3. Bhí an rang ag magadh faoi (dalta) _____ nua.
4. Bhí an fhuinneog ró(beag) _____ don (teach) _____.
5. Thug mé cabhair don (buachaill) _____ nuair a thit sé.

C Athscríobh na habairtí seo a leanas.

1. Bhí mé ag imirt ar (foireann) _____ na scoile anuraidh.
2. Bhí cáil ar (Séamus) _____ mar fhile.
3. Nuair a (tagaim) _____ abhaile ón scoil ithim mo (dinnéar) _____.
4. Bhuail mé dhá (coinín) _____ le mo (carr) _____ trí (timpiste) _____.
5. Ní chaitheann sí a (cuid) _____ airgid riamh.

D **Athscríobh na habairtí seo a leanas.**

1 Cuireann muintir an oileáin fáilte roimh (cuairteoirí) _____ gach samhradh.

2 Fuair Seán trí (tuairisc) _____ ón scoil i rith na bliana agus bhí siad go léir an-(maith) _____.

3 Tá Ciara ar (feabhas) _____ ag an mata ach an-(dona) _____ ag an nGearmáinis.

4 Chuala an scoil ráfla faoi (Siobhán) _____ , go mbeadh sí ina (cónaí) _____ sa (Frainc) _____.

5 Bhí an fear an-(mór) _____ agus bhí an suíochán ró(beag) _____ dó.

E **Athscríobh na habairtí seo a leanas.**

1 Chuaigh ceithre (teach) _____ trí (tine) _____ trí (timpiste) _____ sa (baile) _____ mór aréir.

2 Tá mo (col ceathair) _____ ar (foireann) _____ na scoile.

3 Bhí an fliú ar (Cian) _____ agus chaith sé an lá ina (teach) _____.

4 Bhí an capall ina (seasamh) _____ sa (garraí) _____, a (cúl) _____ le claí.

5 Bhí eagla an domhain ar (muintir) _____ an bhaile nuair a d'éalaigh na gadaithe go léir ó (príosún) _____ an bhaile.

Urú

- Leanann urú na focail seo a leanas, má chuirtear roimh chonsan iad. Seo liosta de na huruithe

m roimh b	ar an mbuachaill, ar an mballa, faoin mbord, ón mbaile, chuig an mbanc, leis an mbuachaill, dá mbeadh
g roimh c	ag an gcailín, thar an gclaí, roimh an gcuairteoir
n roimh d	naoi ndoras
bh roimh f	ar an bhfarraige
n roimh g	leis an nGarda, ag an ngeata
b roimh p	ar an bportach, as an bpríosún, tríd an bpáirc
d roimh t	i dtrioblóid
n- roimh ghutaí	ár n-athair

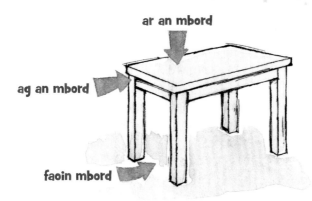

ar an mbord

ag an mbord

faoin mbord

ár – ár gcairde	bhur – bhur ngaolta	a (*their*) – a dtuismitheoirí
uimhreacha 7–10	seacht / ocht gcapall	naoi / deich gcapall

Eisceachtaí

● d, n, t, l, s: Má chríochnaíonn focal amháin le ceann de na litreacha d, n, t, l nó s agus má thosaíonn an chéad fhocal eile le ceann de na litreacha sin, ní thógann an dara focal urú; mar shampla: ag an doras / ón dochtúir; chuig an teach / tríd an tír; as an siopa / leis an sagart.

ach!

Más focal baininscneach ag tosú le 's' atá ann, cuirtear 't' roimhe – faoin tsláinte, tríd an tseachtain.

agus

seacht dteach, ocht ndoras ...

Cleachtaí le déanamh

A **Athscríobh na habairtí seo a leanas.**

1 Bhí imní ar an (cailín) _____ nuair a d'éalaigh an dúnmharfóir ón (príosún) _____ .

2 Tá seacht (bó) _____ agus naoi (capall) _____ ag an (bean) _____ sin.

3 Ghlaoigh mé ar an (briogáid) _____ dóiteáin ar an (fón) _____ nuair a tháinig deatach ón (teach) _____ .

4 Bhí pian ina (bolg) _____ agus rinne sí coinne leis an (dochtúir) _____ .

5 Bhí seacht (clár) _____ faoin (peil) _____ ar an (teilifís) _____ aréir.

B **Athscríobh na habairtí seo a leanas.**

1 Tagann an bád i (tír) _____ ag a seacht i (cónaí) _____.
2 Bhí naoi (coinín) _____ sa (gairdín) _____ agus bhí fearg ar an (bean) _____.
3 Dá (buafainn) _____ an Lotto thabharfainn cuid den airgead do mo (cara) _____.
4 Chuir an bhean fáilte roimh an (fear) _____ nuair a bhuail sé ar an (doras) _____.
5 Bhí eagla ar an (páiste) _____ nuair a rith an madra as an (teach) _____.

C **Athscríobh na habairtí seo a leanas.**

1 Bhí áthas ar an (file) _____ nuair a bhí a dhánta ar an (cúrsa) _____.
2 I (diaidh) _____ a chéile a thógtar na caisleáin.
3 Tá deich (teach) _____ agus ocht (carr) _____ ar an (bóthar) _____ sin ach níl aon (páiste) _____ ann.
4 Baineadh geit as an (cailín) _____ nuair a léim an fear as an (cófra) _____.
5 Bhí ocras ar an (fear) _____ bocht agus chuir mé bia ar an (bord) _____ dó.

D **Athscríobh na habairtí seo a leanas.**

1 Bhí mé i mo (suí) _____ ar an (cathaoir) _____ ag féachaint ar an (clár) _____ ar an (teilifís) _____.
2 Tá an lá an-(te) _____ ach an-(fliuch) _____.
3 Chuir mé glao ar an (fiaclóir) _____ nuair a thit an lár amach as an (fiacail) _____.
4 Bhíomar inár (cónaí) _____ i (Baile) _____ Átha Cliath ar feadh deich (bliana) _____.
5 Tháinig bronntanas tríd an (post) _____ agus bhí áthas an domhain ar an (cailín) _____ beag.

E **Athscríobh na habairtí seo a leanas.**

1 Bhí na páistí ar laethanta saoire i (teach) _____ a (gaolta) _____.
2 Bhí an múinteoir crosta leis an (dalta) _____ mar go raibh sé ag scríobh ar an (balla) _____.
3 Chuir na buachaillí a (cuid) _____ éadaigh salacha ar an (talamh) _____ .
4 Chuaigh deich (curach) _____ amach ar an (farraige) _____ ar maidin.
5 Léim an tarbh thar an (claí) _____ agus chuir sé eagla ar an (feirmeoir) _____.

Súil Siar ar an Séimhiú agus ar an Urú

A **Athscríobh na habairtí seo a leanas.**

1 Bhí timpiste ar an (bóthar) _____ agus chuir sé fios ar an (Garda) _____.

2 Bhí éadaí nua ag teastáil ón (páiste) _____ nuair a d'fhás sé.

3 Bhí an t-oileán ró(ciúin) _____ don (clann) _____ agus chuaigh siad abhaile.

4 D'iarr mé ar mo (cara) _____ bia a thabhairt don (bó) _____.

5 Thug mé mo (suíochán) _____ don (bean) _____ agus d'iompair mé a (málaí) _____ di.

B **Athscríobh na habairtí seo a leanas.**

1 Thug mé an leabhar don (cailín) _____ agus scríobh sí a (ainm) _____ ar an (clúdach) _____.

2 Tá na cailíní an-(bródúil) _____ as an (tír) _____ agus as a (teanga) _____.

3 Nuair a (tagaim) _____ abhaile ithim mo (dinnéar) _____ ag an (bord) _____.

4 Bhí tinneas cinn ar an (bean) _____ agus chaith sí an lá ar fad sa (baile) _____.

5 Beidh Seán i (trioblóid) _____ leis an (príomhoide) _____ má (déanann) _____ sé dearmad ar a (cóipleabhar) _____ arís.

C **Athscríobh na habairtí seo a leanas.**

1 Bhí mé ag an (siopa) _____ inné ach ní raibh aon (bia) _____ ann.

2 Bhí an buachaill naoi (bliana) _____ d'aois ar a (breithlá) _____.

3 Bhí daoine míchairdiúil leis an (clann) _____ nua a bhí ina cónaí ar an (bóthar) _____.

4 Chuir mo (máthair) _____ fáilte roimh an (clann) _____ nua.

5 Is duine an-(tanaí) _____ ach an-(sláintiúil) _____ í.

D **Athscríobh na habairtí seo a leanas.**

1 Bhí mé i mo (cónaí) _____ faoin (tuath) _____ anuraidh ach anois táim lonnaithe sa (cathair) _____.

2 Bhí brón agus uaigneas ar an (cailín) _____ nuair a d'fhág a (buachaill) _____ í.

3 Fadó bhíodh a lán daoine bochta ina (cónaí) _____ i (tithe) _____ na mbocht.

4 Rinne na daltaí a (obair) _____ bhaile ró(tapaidh) _____ agus bhí fearg ar an (múinteoir) _____ leo.

5 Níor tháinig aon (feabhas) _____ ar an (fadhb) _____ le fada.

Athscríobh na habairtí seo a leanas.

1 Bhí na daoine an-(tinn) _____ agus bhí imní ar an (altra) _____ fúthu.
2 Bhí fear ag léim ar an (cloch) _____ ach bhris sé a (cos) _____.
3 Chuala mé ráfla faoin (fear) _____ sin coicís ó (sin) _____.
4 Tá ár (aithreacha) _____ agus ár (gaolta) _____ an-(cairdiúil) _____ lena chéile.
5 Chuireamar fáilte roimh an (foireann) _____ nuair a tháinig siad abhaile ón (craobh) _____.

F **Athscríobh na habairtí seo a leanas gan na lúibíní.**

1 Bhí áthas ar an (tír) _____ nuair a tháinig deireadh leis an (cogadh) _____.
2 Níor cheart don (cailín) _____ aon (bréag) _____ a insint don (múinteoir) _____.
3 Bhí slaghdán ar mo (cara) _____ agus chaith sí an lá ar fad ina (teach) _____ ag tabhairt aire di féin agus dá (ainmhithe) _____.
4 Bhris Dara a (srón) _____ nuair a thit sé síos ag staighre.
5 Beidh aiféala orm le mo (cara) _____ mura (tabhair) _____ sí bronntanas dom ar mo (breithlá) _____.

G **Athscríobh na habairtí seo a leanas gan na lúibíní.**

1 Bhí Cian ina (aonar) _____ sa seomra ach ní raibh Úna ina (aonar) _____ ina (teach) _____.
2 Nuair a (téann) _____ siad go dtí teach a (cairde) _____ taistealaíonn siad ar an (bóthar) _____.
3 Tháinig an bád i (tír) _____ sa (caladh) _____ nua in aice leis an (trá) _____.
4 Táimid an-(bródúil) _____ as an leabhar.
5 Bhí an file ag magadh faoin (bean) _____ sa dán.

H **Athscríobh na habairtí seo a leanas gan na lúibíní.**

1 Cheannaigh an fear dhá (teach) _____ ar an (bóthar) _____ céanna.
2 Tá seacht (ainmhí) _____ faoi (glas) _____ sa (cró) _____ sin.
3 Bhí áthas ar an (fear) _____ agus ar an (bean) _____ nuair a chonaic siad a (pictiúir) _____ ar an (teilifís) _____.
4 Léim an bhó thar an (claí) _____ nuair a bhí si ag éalú ón (feirmeoir) _____.
5 Chuaigh Seán agus a (athair) _____ agus Máire agus a (athair) _____ go dtí an scannán sa (carr) _____ céanna.

Caibidil 15

Na Réamhfhocail agus an Forainm Réamhfhoclach

Ar

Úsáidtear 'ar'

● nuair atá tú ag caint faoi na mothúcháin (tuirse, uaigneas, brón, áthas, eagla, éad, díomá) agus cuid de na tinnis – Tá tinneas cinn orm / Tá brón air

● tar éis roinnt briathra:

beir ar	braith ar	breathnaigh ar
caith ar	cas ar	ceannaigh ar
cuimhnigh ar	cuir fios ar	déan dearmad ar
féach ar	fill ar	freastail ar
glaoigh ar	iarr ar	impigh ar
íoc ar	smaoinigh ar	teip ar

An Forainm Réamhfhoclach

orm	Bhí brón ar Cholmán.
ort	Bhí brón ar an mbuachaill.
air / uirthi	Bhí brón air.
orainn	Bhí brón ar a chara.
oraibh	
orthu	

Cleachtaí le déanamh

A   **Líon na bearnaí sna habairtí seo a leanas.**

1   Tá sé ag freastal ____ Choláiste na Rinne.
2   Fuair sí an iomarca den ghrian agus bhí tinneas cinn _____.
3   Bhí díomá __ ____ bhfile mar nár léigh aon duine a dhánta.
4   Cheannaigh sé an teach nua ____ mhilliún euro.
5   Theip _____ i mo scrúdú agus bhí fearg an domhain ____ mo thuismitheoirí.

B   **Líon na bearnaí sna habairtí seo a leanas.**

1   Bhí ocras an domhain ____ na daoine toisc go raibh gorta sa tír.
2   Rinneamar dearmad ____ ár málaí scoile agus d'fhilleamar ____ an teach chun iad a fháil.
3   Bhí fliú ____ ____ mbean agus d'fhan sí sa leaba.
4   Bhí díomá ____ mo mháthair toisc nár chuimhnigh a cairde ____ a breithlá.
5   Féachaim ____ an teilifís gach oíche.

C   **Líon na bearnaí sna habairtí seo a leanas.**

1   Bhí timpiste ____ an mbóthar agus cuireadh fios ____ an otharcharr.
2   D'impigh an tseanbhean ____ ____ ngadaí gan a mála a ghoid.
3   Chas siad ____ a gcairde taobh amuigh den bhialann.
4   Rug na Gardaí ____ na gadaithe sa deireadh.
5   Ghlaoigh sí ____ a cara aréir.

Do

Úsáidtear 'do'
- tar éis na mbriathra seo a leanas:

admhaigh do	beannaigh do	cuir as do
déan do	diúltaigh do	geall do
géill do	inis do	lig do
oir do	tabhair do	taispeáin do

Na Forainmneacha Réamhfhoclacha

faoi	ó	roimh	de	as	thar
fúm	uaim	romham	díom	asam	tharam
fút	uait	romhat	díot	asat	tharat
faoi / fúithi	uaidh / uaithi	roimhe / roimpi	de / di	as / aisti	thairis / thairsti
fúinn	uainn	romhainn	dínn	asainn	tharainn
fúibh	uaibh	romhaibh	díbh	asaibh	tharaibh
fúthu	uathu	rompu	díobh	astu	tharstu

Cleachtaí le déanamh

A Líon na bearnaí sna habairtí seo a leanas.

1 Bhí imní _____ Chiarán _____ an bhfear.
2 Bhí díomá _____ go raibh gach duine ag gáire _____ toisc gur thit sí ar an talamh.
3 D'fhiafraigh mé _____ mo mháthair cén t-am a bheadh an dinnéar réidh.
4 Chuireamar fáilte mhór _____ na cuairteoirí a tháinig abhaile ó Mheiriceá.
5 Bhí airgead ag teastáil _____ seanfhear chun bia a cheannach agus thug mé _____ é.

B Líon na bearnaí sna habairtí seo a leanas.

1 Bhí fearg an domhain _____ nuair a chuala sé a chairde ag caint agus ag magadh _____.
2 Bhí eagla _____ an leanbh _____ an tarbh agus rith sé abhaile go tapa.
3 Chlis ar ríomhaire mo mháthar aréir agus mar sin tá ceann nua ag teastáil _____.
4 Ní maith (le: sinn) _____ nuair a bhíonn daoine ag cúlchaint _____ agus cuireann sé isteach go mór _____.
5 Bhí uaigneas _____ an gclann nuair a bhog siad go dtí ceantar nua.

Súil Siar ar na Réamhfhocail

A **Líon na bearnaí sna habairtí seo a leanas.**

1 Bhí m'athair ar buile _____ toisc nár thug mé aon chabhair _____ sa ghairdín.
2 Bhí eagla _____ Mháire _____ an altra agus bhí sí ar crith.
3 Bhí áthas an domhain ___ na páistí toisc nach raibh aon scoil ____ inné.
4 Bhí an scoil ar fad in éad ____ Siobhán nuair a bhuaigh a clann a lán airgid.
5 Bhí an fear ag goid _____ siopa agus ghlaoigh an t-úinéir _____ na Gardaí.

B **Líon na bearnaí sna habairtí seo a leanas.**

1 Is maith _____ (mé) mata ach is fearr _____ stair.
2 Bhuail m'athair _____ mo mháthair fiche bliain ó shin.
3 Tá aithne _____ Úna _____ Aoife ón mbunscoil.
4 Bhí mé feargach ___ mo chara nuair a bhris sí mo rothar.
5 Tá cabhair ag teastáil ____ thíortha bochta.

C **Líon na bearnaí sna habairtí seo a leanas.**

1 Chabhraigh sí _____ tuismitheoirí agus bhí siad an-sásta ____.
2 Bhí eagla ___ an bhfeirmeoir _____ an mbó mhór agus thosaigh sé ag rith.
3 Ní raibh mé ag éisteacht _____ an múinteoir toisc go raibh mé ag caint ___ mo chara.
4 Níl a fhios _____ cathain a bheidh mé ag dul ar ais _____ scoil.
5 Léim an tarbh _____ an gclaí agus bhí eagla an domhain ___ gach duine _____.

D **Líon na bearnaí sna habairtí seo a leanas.**

1 Nuair a chonaic sí a seanmháthair bheannaigh sí ____.
2 Nuair a bhí na turasóirí caillte thaispeáin mé an bóthar ceart _____ agus bhí siad an-bhuíoch ____.
3 Rug na Gardaí _____ na gadaithe nuair a rith siad amach ___ an mbanc.
4 Bhí mé féin agus mo chara i dtrioblóid _____ an múinteoir toisc nach rabhamar ag éisteacht _____.
5 D'éirigh go hiontach _____ sa scrúdú agus bhí a thuismitheoirí an-sásta _____.

E Líon na bearnaí sna habairtí seo a leanas.

1 Is féidir ____ gach duine mata a dhéanamh ar scoil.
2 Bhí faitíos orm _____ an múinteoir nua.
3 Tá meas mór _____ ____ mo sheanathair.
4 D'fhiafraigh an múinteoir _____ an raibh stair na tíre ar eolas agam.
5 Ghabh sí buíochas _____ nuair a thug mé bronntanas ____ dá breithlá.

F Líon na bearnaí sna habairtí seo a leanas.

1 Is cuimhin _____ na laethanta nuair a bhí sí ag dul ar scoil.
2 Thug mo mháthair carr nua _____ do mo bhreithlá.
3 Níl mórán suime ____ daoine i mo rang ____ stair.
4 Ba mhaith _____ a bheith líofa sa Fhraincis agus mar sin téann sé go dtí an Fhrainc gach samhradh.
5 Éisteann sí ____ ceol gach maidin.

G Líon na bearnaí sna habairtí seo a leanas.

1 Tá grá mór ____ an mbuachaill sin don chailín.
2 Cabhraíonn na dochtúirí _____ na hothair gach lá.
3 Bhí an múinteoir ar buile _____ an rang toisc nach raibh na daltaí ag éisteacht ____.
4 Bhí trua _____ _____ seanfhear agus thug mé airgead _____.
5 Baineadh geit mhór ____ an tseanbhean nuair a chuaigh an teach ____ thine.

H Líon na bearnaí sna habairtí seo a leanas.

1 Bhris mo chara Aoife m'fhón póca agus bhí fearg an domhain _____.
2 B'fhearr _____ dul go dtí an Spáinn ____ mo chairde ná fanacht in Éirinn ____ mo chlann.
3 Níl aon Ghaeilge ____ agus mar sin ní thuigeann sé an múinteoir.
4 D'éalaigh na príosúnaithe ____ bpríosún agus rug na saighdiúirí _____.
5 'An féidir ____ a bheith i m'uachtarán?' a d'fhiafraigh an buachaill óg ____ mhúinteoir.

Caibidil 16
Caint Indíreach

Caint Indíreach san Aimsir Láithreach

- 'Tá na cailíní i dtrioblóid leis an múinteoir,' arsa Úna – sin ráiteas nó caint dhíreach; 'Ceapann Úna go bhfuil na cailíní i dtrioblóid leis an múinteoir' – sin ráiteas nó caint indíreach.
- 'Fágaim an teach ag a hocht,' arsa Pól – sin ráiteas nó caint dhíreach; 'Deir Pól go bhfágann sé an teach ag a hocht' – sin ráiteas nó caint indíreach.

Riail le foghlaim

- Má chuirtear briathar nó focail ar nós 'deirim / ceapaim / cloisim / is dóigh liom, / sílim ...' roimh ráiteas duine eile, ní mór athrú a dhéanamh ar chuid de na focail, go háirithe ar na briathra.
- Cuirtear go + urú nó gur + séimhiú (más féidir) roimh an mbriathar san fhoirm dhearfach agus nach + urú nó nár + séimhiú (más féidir) roimh an mbriathar san fhoirm dhiúltach
- Má thosaíonn an briathar le d' san Aimsir Chaite, fág an d' ar lár – d'fhill → gur fhill / nár fhill

Samplaí

Caint Dhíreach	Caint Indíreach
'Feicim mo chara go minic,' arsa Seán.	Deir Seán go bhfeiceann sé a chara go minic.
'Ní fheicim mo chara go minic,' arsa Seán.	Deir Seán nach bhfeiceann sé a chara go minic.
'Buailfidh mé le mo chairde ar scoil amárach,' arsa Úna.	Deir Úna go mbuailfidh sí lena cairde ar scoil amárach.
'Ní bhuailfidh mé le mo chairde ar scoil amárach,' arsa Úna.	Deir Úna nach mbuailfidh sí lena cairde ar scoil amárach.
'Bhris na gadaithe isteach sa teach sin,' arsa Pól.	Deir Pól gur bhris na gadaithe isteach sa teach sin.
'Níor bhris na gadaithe isteach sa teach sin,' arsa Pól.	Deir Pól nár bhris na gadaithe isteach sa teach sin.

Riail le foghlaim

- Tabhair faoi deara go gcuirtear go + urú nó nach + urú roimh bhriathra san Aimsir Láithreach, san Aimsir Fháistineach, san Aimsir Ghnáthchaite agus sa Mhodh Coinníollach.
- Go + n- roimh bhriathar a thosaíonn le guta – go n-éisteann / nach n-ólfadh sé
- Tabhair faoi deara go gcuirtear gur + séimhiú (más féidir) nó nár + séimhiú (más féidir) roimh bhriathra san Aimsir Chaite.

Eisceachtaí
Na Briathra BAFFTD
san Aimsir Chaite

'Dúirt sí go ndúirt sé go ...'

bhí	go raibh	nach raibh
dúirt	go ndúirt	nach ndúirt
chonaic	go bhfaca	nach bhfaca
fuair	go bhfuair	nach bhfuair
chuaigh	go ndeachaigh	nach ndeachaigh
rinne	go ndearna	nach ndearna

An Briathar 'faigh'

'Gheobhaidh mé marcanna maithe i mo scrúdú,' arsa Aoife; Tá súil ag Aoife **go bhfaighidh** sí marcanna maithe ina scrúdú.

'Gheobhainn marcanna maithe dá ndéanfainn aon staidéar,' arsa Aoife; Deir Aoife **go bhfaigheadh** sí marcanna maithe dá ndéanfadh sí aon staidéar.

An Briathar 'tá'

'Tá an lá go hálainn,' arsa Cillian; Deir Cillian **go bhfuil** an lá go hálainn.

'Níl an lá go deas in aon chor,' arsa Conor; Deir Conor **nach bhfuil** an lá go deas in aon chor.

Cleachtaí le déanamh

A **Cuir 'Ceapann Eoin' roimh na habairtí seo a leanas agus déan cibé athruithe is gá.**

1 D'fhág an bhean a teach aréir.
2 Ghoid na buachaillí an mhuc ón bhfeirm.
3 D'imir foireann Chiarraí go hiontach inné.
4 Téann Máire go dtí an chathair gach Satharn.
5 Ní thabharfaidh sé cabhair don fhear arís.

B Cuir 'Léann Máire' roimh na habairtí seo a leanas agus déan cibé athruithe is gá.

1 Caitheann mo chlann an samhradh ar fad sa Spáinn.
2 Ceannóidh Seán rothar nua go luath.
3 Tharla timpiste uafásach ar an mbóthar sin le déanaí.
4 Tiocfaidh feabhas ar an aimsir amárach.
5 Titeann a lán báistí in Éirinn sa samhradh.

C Cuir 'Deir Aoife' roimh na habairtí seo a leanas agus déan cibé athruithe is gá.

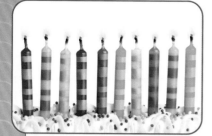

1 Rinne mo mháthair cáca do mo bhreithlá.
2 Chonaic mé Seán sa chathair inné.
3 Téann Máire ag snámh chuile sheachtain.
4 Gheobhaimid ár laethanta saoire ar an Aoine.
5 Chuaigh na cailíní go léir amach aréir.

D Cuir 'Is dóigh le Cian' roimh na habairtí seo a leanas agus déan cibé athruithe is gá.

1 Beidh sé ag stealladh báistí amárach.
2 Osclóidh an scoil ag a hocht amárach.
3 Bíonn an clár sin i gcónaí go maith.
4 Scríobh an file sin dánta maithe.
5 Fuair an scoil príomhoide nua.

E Cuir 'Cloiseann Máire' roimh na habairtí seo a leanas agus déan cibé athruithe is gá.

1 Dhíolfadh an fear a theach dá mbeadh airgead uaidh.
2 Béarfaidh na Gardaí ar na gadaithe amárach.
3 Bailíonn an múinteoir sin na cóipleabhair gach Luan.
4 Úsáidtear fóin póca gach soicind in Éirinn.
5 Fuair na mílte bás den ocras anuraidh.

F Cuir 'Ceapann Dara' roimh na habairtí seo a leanas agus déan cibé athruithe is gá.

1 Ceapann an cailín sin go bhfuil sí go hiontach.
2 Chreid an fear sin an scéal a bhí sa pháipéar.
3 Ní bhuafaidh mé aon rud i mo shaol.
4 Níor imir Ciarraí go maith sa chraobh.
5 Níl seans ar bith ag Fear Manach sa pheil.

G Cuir 'Deir Siobhán le Caitlín' roimh na habairtí seo a leanas agus déan cibé athruithe is gá.

1 Ní úsáidfidh mé an peann sin arís.
2 Níor ghlan sí an teach riamh.
3 Caitheann mo dheartháir an iomarca ama ar an ríomhaire.
4 Taispeánann TV3 a lán clár ó Mheiriceá.
5 Ní scríobhfaidh mé aiste Bhéarla arís.

H Cuir 'Deir Aoife le hEoin' roimh na habairtí seo a leanas agus déan cibé athruithe is gá.

1 D'fhág sé an teach go luath inné.
2 Níor fhill sé in am riamh.
3 Chonaic mé Pól sa chathair ar maidin.
4 D'inis sé bréaga do na Gardaí.
5 Ní labhróidh mé leis an gcailín sin go deo arís.

I Cuir 'Deir Dara le Diarmaid' roimh na habairtí seo a leanas agus déan cibé athruithe is gá.

1 Dhéanfadh sé rud ar bith chun airgead a fháil.
2 Ní thagann ciall roimh aois.
3 Aithníonn ciaróg ciaróg eile.
4 Chuaigh mo chlann go Gaillimh inné.
5 Cheannóinn an leabhar dá mbeadh an t-airgead agam.

J Cuir 'Deir Liam le Laoise' roimh na habairtí seo a leanas agus déan cibé athruithe is gá.

1 Itheann muintir na hÉireann an iomarca.
2 Faigheann a lán daoine bás ar na bóithre gach bliain.
3 Gheobhaidh mo mháthair sos nuair a bheidh na páistí ar scoil.
4 D'éirigh go hiontach leis sa chomórtas.
5 Itheann agus ólann sé an iomarca.

Caint Indíreach san Aimsir Chaite – Athrú Aimsirí

Má chuirtear briathar san Aimsir Chaite roimh chaint dhíreach, ní mór cuid de na haimsirí a athrú:

- An Aimsir Láithreach   ⟶   An Aimsir Chaite
- An Aimsir Fháistineach   ⟶   An Modh Coinníollach
- An Aimsir Chaite   ⟶   An Aimsir Chaite
- An Modh Coinníollach   ⟶   An Modh Coinníollach
- An Aimsir Ghnáthláithreach   ⟶   An Aimsir Ghnáthchaite

Samplaí

Caint Dhíreach	Caint Indíreach
'Feicim mo chara,' arsa Seán.	Dúirt Seán go bhfaca sé a chara.
'Ní fheicim mo chara,' arsa Seán.	Deir Seán nach bhfaca sé a chara.
'Buailfidh mé le mo chairde ar scoil amárach,' arsa Úna	Dúirt Úna go mbuailfeadh sí lena cairde ar scoil an lá dár gcionn.
'Ní bhuailfidh mé le mo chairde ar scoil amárach,' arsa Úna.	Dúirt Úna nach mbuailfeadh sí lena cairde ar scoil an lá dár gcionn.
'Bhris na gadaithe isteach sa teach sin,' arsa Pól.	Dúirt Pól gur bhris na gadaithe isteach sa teach sin.
'Níor bhris na gadaithe isteach sa teach sin,' arsa Pól.	Dúirt Pól nár bhris na gadaithe isteach sa teach sin.

Cleachtaí le déanamh

A   Cuir 'Cheap Eoin' roimh na habairtí seo a leanas agus déan cibé athruithe is gá.

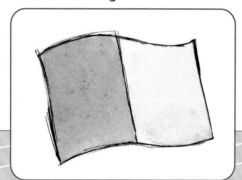

1. Caitheann an tír seo an iomarca airgid ar bhia.
2. Chuaigh Cathal go Corcaigh aréir.
3. Ceannóidh sé éadaí nua amárach.
4. Ní bhuafaidh mé an crannchur go deo.
5. D'imir An Mhí go maith sa chraobh.

B Cuir 'Léigh Máire' roimh na habairtí seo a leanas agus déan cibé athruithe is gá.

1 D'inis an polaiteoir a lán bréag.
2 Rachaidh an chlann ar saoire go luath.
3 D'imreodh sí peil dá mbeadh sí ábalta.
4 Beidh sé ag cur báistí amárach.
5 Dúirt an fear ar an raidió go mbeadh drochaimsir ann.

C Cuir 'Dúirt Aoife' roimh na habairtí seo a leanas agus déan cibé athruithe is gá.

1 Tháinig a lán turasóirí go hÉirinn anuraidh.
2 Chonaic mo chara tarbh ar an mbóthar.
3 Ní fhaca mé aon duine ar scoil inné.
4 Gheobhaimid leath lae amárach.
5 Glanfaidh mé mo sheomra go luath.

D Cuir 'Ba dhóigh le Cian' roimh na habairtí seo a leanas agus déan cibé athruithe is gá.

1 Cuirfidh an feirmeoir ruaig ar na gadaithe.
2 Caithfidh an fear sin na blianta sa phríosún.
3 Ní thiteann mórán sneachta in Éirinn.
4 D'fhan a cara sa leaba toisc go raibh sí tinn.
5 Chuaigh an rang ar fad ar cuairt go dtí an Dáil.

E Cuir 'Chuala Máire' roimh na habairtí seo a leanas agus déan cibé athruithe is gá.

1 Rinne Seán praiseach den obair.
2 Ní bhfuair Síle an post nua agus bhí díomá uirthi.
3 Scríobhfaidh Pádraig aiste an-mhaith.
4 Ní dheachaigh an bhean sin amach le fiche bliain.
5 Cuirfear deireadh leis an Ardteist lá ar bith.

F Cuir 'Cheap Dara' roimh na habairtí seo a leanas agus déan cibé athruithe is gá.

1 Thaitin spórt le Seán.
2 Beidh cóisir ag Liam amárach.
3 Éistfidh an fear leis an raidió maidin amárach.
4 D'athraigh sé a charr.
5 Creidfidh an páiste aon rud.

G Cuir 'Cheap Ciara' roimh na habairtí seo a leanas agus déan cibé athruithe is gá.

1 Ní dhearna an buachaill sin aon obair.
2 Fanfaidh Aoife ar Pheadar go deo.
3 Níor chuimhnigh sí ar bhreithlá a carad.
4 Úsáidfidh sí an bóthar nua.
5 Níor thug daoine go leor cabhrach do na bochtáin anuraidh.

H Cuir 'Dúirt Siobhán le Caitlín' roimh na habairtí seo a leanas agus déan cibé athruithe is gá.

1 D'ith mé dinnéar deas.
2 Cheannaigh mé éadaí nua inné.
3 Baileoidh sí na páistí ag a sé.
4 Creideann Úna gach rud.
5 Beidh mé ar scoil in am.

I Cuir 'Dúirt Aoife le hEoin' roimh na habairtí seo a leanas agus déan cibé athruithe is gá.

1 Scríobhfaidh mé aiste iontach anocht.
2 Fuaireamar a lán obair bhaile ón múinteoir.
3 Éistim leis an raidió gach lá.
4 Níor ith mé mo dhinnéar inniu.
5 Tá na dánta sin go hiontach.

J Cuir 'Dúirt Dara le Diarmaid' roimh na habairtí seo a leanas agus déan cibé athruithe is gá.

1 Tiomáinfidh mé an carr sin.
2 Chaill mo mháthair a fón inné.
3 Rachainn go Gaillimh dá bhfaighinn cuireadh.
4 Chaith an bhean a cuid airgid ar fad ar éadaí.
5 Briseann an rialtas na geallúintí ar fad.

K Cuir 'Dúirt Liam le Laoise' roimh na habairtí seo a leanas agus déan cibé athruithe is gá.

1 Tabharfaidh mé cabhair duit leis an aiste sin.
2 Chabhróinn leat dá mbeadh an t-am agam.
3 Rinne mé praiseach den obair bhaile.
4 Aithníonn ciaróg ciaróg eile.
5 Shuigh sé amuigh sa ghairdín inné.

Caibidil 17

An Chopail sa Chlaoninsint

An Chopail sa Chlaoninsint – An Aimsir Láithreach

Díreach	Indíreach
'Is cailín álainn í.'	Deirtear gur cailín álainn í.
'Ní cailín álainn í.'	Deirtear nach cailín álainn í.
'Is é an grá téama an dáin.'	Deir sé gurb é an grá téama an dáin.
'Ní hé an grá téama an dáin.'	Deir sé nach é an grá téama an dáin.
'Is áit chiúin é.'	Deirtear gur áit chiúin é.
'Ní áit chiúin é.'	Deirtear nach áit chiúin é.
'Is álainn an radharc é.'	Deirtear gurb álainn an radharc é.
'Ní álainn an radharc é.'	Deirtear nach álainn an radharc é.
'Is féidir liom.'	Deirtear gur féidir liom.
'Ní féidir liom.'	Deirtear nach féidir liom.

Riail le foghlaim

- San Aimsir Láithreach ní chuireann an chopail 'gur' nó 'nach' séimhiú ná urú ar an bhfocal ina ndiaidh.
- San Aimsir Láithreach cuirtear 'gurb' roimh aidiacht ag tosú le guta.
- San Aimsir Láithreach cuirtear 'gurb' roimh é / í / iad – mar shampla – gurb é / gurb í / gurb iad.

An Chopail sa Chlaoninsint
– An Aimsir Chaite

Dhíreach	Indíreach
'Ba chailín álainn í.'	Dúradh gur chailín álainn í.
'Níor chailín álainn í.'	Dúradh nár chailín álainn í.
'Ba é an grá téama an dáin.'	Dúirt sé gurbh é an grá téama an dáin.
'Níorbh é an grá téama an dáin.'	Dúirt sé nárbh é an grá téama an dáin.
'B'áit chiúin é.'	Dúradh gurbh áit chiúin é.
'Níorbh áit chiúin é.'	Dúradh nárbh áit chiúin é.
'B'álainn an radharc é.'	Dúradh gurbh álainn an radharc é.
'Níorbh álainn an radharc é.'	Dúradh nárbh álainn an radharc é.
'B'fhéidir liom.'	Dúradh gurbh fhéidir liom.
'Níorbh fhéidir liom.'	Dúradh nárbh fhéidir liom.

Riail le foghlaim
- San Aimsir Chaite cuireann an chopail 'gur' agus 'nár' séimhiú ar an bhfocal ina ndiaidh.
- San Aimsir Chaite cuirtear 'gurbh' nó 'nárbh' roimh fhocal ag tosú le guta.
- San Aimsir Chaite cuirtear 'gurbh' nó 'nárbh' roimh fhocal ag tosú le f agus le guta ina dhiaidh – gurbh fhéidir / nárbh fhearr ach gur fhliuch / nár fhreagra.

Cleachtaí le déanamh

A **Cuir 'Deir sé le Máire' roimh na habairtí seo a leanas.**

1 Is múinteoir iontach í.
2 Is féidir linn.
3 B'fhearr liom Fraincis ná Gearmáinis.
4 Ní buachaill deas é.
5 Ní scéal suimiúil é sin.

B **Cuir 'Deir sí le Ciarán' roimh na habairtí seo a leanas.**

1 Ba shaighdiúir cróga é.
2 Is altra cineálta í.
3 Ní polaiteoir cam é.
4 Is rang cainteach é an rang seo.
5 Is é mo thuairim go bhfuil an ceacht seo deacair.

C Cuir 'Ceapann Niamh' roimh na habairtí seo a leanas.

1 Is maith an scéalaí an aimsir.
2 Ní cuimhin léi rud ar bith faoin lá sin.
3 Is oíche iontach í seo.
4 Ba lá an-fhada é.
5 Is ar éigean a chuala mé an fear ag caint.

D Cuir 'Dúirt sé le Máire' roimh na habairtí seo a leanas.

1 Ní féidir ceann críonna a chur ar cholainn óg.
2 Is scríbhneoir an-mhaith é.
3 Ba bheag nár thit mé i laige nuair a chuala mé an scéal.
4 B'fhearr liom cónaí in Éirinn ná áit ar bith eile.
5 Ba í Fionnuala an cailín ba chaintí sa rang.

E Cuir 'Dúirt sí le Fergus' roimh na habairtí seo a leanas.

1 Ní file maith é.
2 Is file iontach é.
3 Ba lá iontach é.
4 Níor mhaith liom dul ar scoil fadó.
5 Is fuath liom uachtar reoite.

F Cuir 'Cheap Niamh' roimh na habairtí seo a leanas.

1 Ba mhaith leis dul abhaile.
2 Ní bean ródheas í.
3 B'iascaire an-oilte é Colm.
4 Is mór an trua gur tharla sé sin.
5 Níorbh fhiú an leabhar sin a léamh.

Caibidil 18
Na hUimhreacha

Ainmfhocal ag tosú le consan

Riail le foghlaim

- 1–6 + séimhiú ar an ainmfhocal
- 7–10 + urú ar an ainmfhocal
- An uimhir uatha den ainmfhocal a úsáidtear ag comhaireamh

1–6 + séimhiú	11–16	21–26
1 corp (aon chorp amháin)	11 aon chorp déag	21 corp is fiche
2 dhá chorp	12 dhá chorp déag	22 dhá chorp is fiche
3 trí chorp	13 trí chorp déag	23 trí chorp is fiche
4 ceithre chorp	14 ceithre chorp déag	24 ceithre chorp is fiche
5 cúig chorp	15 cúig chorp déag	25 cúig chorp is fiche
6 sé chorp	16 sé chorp déag	26 sé chorp is fiche

7–10 + urú	17–20	27–30
7 seacht gcorp	17 seacht gcorp déag	27 seacht gcorp is fiche
8 ocht gcorp	18 ocht gcorp déag	28 ocht gcorp is fiche
9 naoi gcorp	19 naoi gcorp déag	29 naoi gcorp is fiche
10 deich gcorp	20 fiche corp	30 tríocha corp

Cleachtaí le déanamh

A **Scríobh na leaganacha seo a leanas i bhfocail.**

1. 3 capall _____
2. 4 madra _____
3. 5 teach _____
4. 11 coinín _____
5. 21 tír _____

Scríobh na leaganacha seo a leanas i bhfocail.

1 17 cóipleabhar _____

2 8 peann _____

3 15 peann _____

4 9 clann _____

5 20 fuinneog _____

Ainmfhocal ag tosú le guta

Riail le foghlaim

- 1–6 dada ar an ainmfhocal
- 7–10 + n- ar an ainmfhocal
- An uimhir uatha den ainmfhocal a úsáidtear ag comhaireamh

1–6	11–16
1 eitleán (aon eitleán amháin)	11 aon eitleán déag
2 dhá eitleán	12 dhá eitleán déag
3 trí eitleán	13 trí eitleán déag
4 ceithre eitleán	14 ceithre eitleán déag
5 cúig eitleán	15 cuig eitleán déag
6 sé eitleán	16 sé eitleán déag
7–10 cuir n– roimh an ainmfhocal	**17–20**
7 seacht n-eitleán	17 seacht n-eitleán déag
8 ocht n-eitleán	18 ocht n-eitleán déag
9 naoi n-eitleán	19 naoi n-eitleán déag
10 deich n-eitleán	20 fiche eitleán

Cleachtaí le déanamh

A   Scríobh na leaganacha seo a leanas i bhfocail.

1.   4 áit _____
2.   8 asal _____
3.   14 uan _____
4.   7 oíche _____
5.   31 oráid _____

B   Scríobh na leaganacha seo a leanas i bhfocail.

1.   9 onóir _____
2.   18 udarás _____
3.   21 úll _____
4.   5 athrú _____
5.   13 eitleán _____

Ainmfhocal ag críochnú le guta

Riail le foghlaim

- Cuir séimhiú ar an déag ina ndiaidh.
- An uimhir uatha den ainmfhocal a úsáidtear ag comhaireamh

1–6 + séimhiú	11–16	21–26
1 geata (aon gheata amháin)	11 aon gheata dhéag	21 geata is fiche
2 dhá gheata	12 dhá gheata dhéag	22 dhá gheata is fiche
3 trí gheata	13 trí gheata dhéag	23 trí gheata is fiche
4 ceithre gheata	14 ceithre gheata dhéag	24 ceithre gheata is fiche
5 cúig gheata	15 cúig gheata dhéag	25 cúig gheata is fiche
6 sé gheata	16 sé gheata dhéag	26 sé gheata is fiche

7–10 + urú	17–20	27–30
7 seacht ngeata	17 seacht ngeata dhéag	27 seacht ngeata is fiche
8 ocht ngeata	18 ocht ngeata dhéag	28 ocht ngeata is fiche
9 naoi ngeata	19 naoi ngeata dhéag	29 naoi ngeata is fiche
10 deich ngeata	20 fiche geata	30 tríocha geata

Cleachtaí le déanamh

A **Scríobh na leaganacha seo a leanas i bhfocail.**

1 11 mála _____
2 17 cóta _____
3 5 lá _____
4 13 peaca _____
5 21 éide _____

B **Scríobh na leaganacha seo a leanas i bhfocail.**

1 16 dorú _____
2 8 coinne _____
3 15 cnó _____
4 15 cluiche _____
5 17 planda _____

C **Scríobh na leaganacha seo a leanas i bhfocail.**

1 8 bád _____
2 11 lá agus 12 oíche _____
3 8 ainmhí _____
4 16 seomra _____
5 20 scoil _____

D **Scríobh na leaganacha seo a leanas i bhfocail.**

1 3 theach _____
2 9 arasán _____
3 13 leaba _____
4 6 pionta _____
5 18 ábhar _____

E **Scríobh na leaganacha seo a leanas i bhfocail.**

1 14 véarsa _____
2 13 ríomhaire _____
3 18 fáinne _____
4 15 bó _____
5 6 mála _____

Eisceachtaí

Bliain	Ceann	Uair
1 bliain amháin (aon bhliain amháin)	1 ceann amháin (aon cheann amháin)	1 uair amháin (aon uair amháin)
2 dhá bhliain	2 dhá cheann	2 dhá uair
3 trí bliana	3 trí cinn	3 trí huaire
4 ceithre bliana	4 ceithre cinn	4 ceithre huaire
5 cúig bliana	5 cúig cinn	5 cúig huaire
6 sé bliana	6 sé cinn	6 sé huaire
7 seacht mbliana	7 seacht gcinn	7 seacht n-uaire
8 ocht mbliana	8 ocht gcinn	8 ocht n-uaire
9 naoi mbliana	9 naoi gcinn	9 naoi n-uaire
10 deich mbliana	10 deich gcinn	10 deich n-uaire
11 aon bhliain déag	11 aon cheann déag	11 aon uair déag
12 dhá bhliain déag	12 dhá cheann déag	12 dhá uair déag
13 trí bliana *déag	13 trí cinn déag	13 trí huaire *déag
14 ceithre bliana déag	14 ceithre cinn déag	14 ceithre huaire déag
15 cúig bliana déag	15 cúig cinn déag	15 cúig huaire déag
16 sé bliana déag	16 sé cinn déag	16 sé huaire déag
17 seacht mbliana déag	17 seacht gcinn déag	17 seacht n-uaire déag
18 ocht mbliana déag	18 ocht gcinn déag	18 ocht n-uaire déag
19 naoi mbliana déag	19 naoi gcinn déag	19 naoi n-uaire déag
20 fiche bliain	20 fiche ceann	20 fiche uair

*Tabhair faoi deara nach mbaineann an riail faoi shéimhiú ar an bhfocal 'déag' leis na hainmhfocail eisceachtúla seo.

Cleachtaí le déanamh

A **Athscríobh na leaganacha seo a leanas gan uimhreacha a úsáid.**

1 (7 timpiste) _____
2 (13 éan) _____
3 (2 bliain) _____
4 (15 geansaí) _____
5 (20 uan) _____

B Athscríobh na leaganacha seo a leanas gan uimhreacha a úsáid.

1   (16 madra) _____
2   (18 ceann) _____
3   (15 uair) _____
4   (9 asal) _____
5   (5 oíche) _____

C Athscríobh na leaganacha seo a leanas gan uimhreacha a úsáid.

1   (17 tír) _____
2   (14 teanga) _____
3   (19 cóipleabhar) _____
4   (8 peann) _____
5   (14 ceacht) _____

D Athscríobh na leaganacha seo a leanas gan uimhreacha a úsáid.

1   (7 aiste) _____
2   (16 cruinniú) _____
3   (30 post) _____
4   (17 fadhb) _____
5   (12 lá) _____

E Aistrigh na habairtí/leaganacha seo a leanas go Gaeilge.

1   She is three years of age.
2   There are three birds and five foxes in the garden.
3   I went to France three times last year.
4   He ran in seven races last year.
5   They have five pets.

Na hOrduimhreacha

Riail le foghlaim

- Roimh chonsan cuireann 'céad' séimhiú ar an ainmfhocal (mura dtosaíonn sé le d, t, n, l, s); mar shampla, an chéad fhear / an chéad bhliain / an chéad doras / an chéad teach.
- Roimh chonsan ní chuireann na horduimhreacha eile aon rud ar an ainmfhocal; mar shampla, an dara buachaill / an dara teach / an dara múinteoir.
- Roimh ghuta cuireann 2ú go 20ú agus ar aghaidh 'h' ar an ainmfhocal; mar shampla, an dara háit / an seachtú hasal / an naoú húdar.

Uimhir	Consan	Guta
1ú	An chéad bhuachaill	An chéad oíche
2ú	An dara buachaill	An dara hoíche
3ú	An tríú buachaill	An tríú hoíche
4ú	An ceathrú buachaill	An ceathrú hoíche
5ú	An cúigiú buachaill	An cúigiú hoíche
6ú	An séú buachaill	An séú hoíche
7ú	An seachtú buachaill	An seachtú hoíche
8ú	An t-ochtú buachaill	An t-ochtú hoíche
9ú	An naoú buachaill	An naoú hoíche
10ú	An deichiú buachaill	An deichiú hoíche
11ú	An t-aonú buachaill déag	An t-aonú hoíche *déag
12ú	An dóú buachaill déag	An dóú hoíche déag
20ú	An fichiú buachaill	An fichiú hoíche
21ú	An t-aonú buachaill is fiche	An t-aonú hoíche is fiche
30ú	An tríochadú buachaill	An tríochadú hoíche
32ú	An dóú buachaill is tríocha	An dóú hoíche is tríocha
40ú	An daicheadú buachaill	An daicheadú hoíche
44ú	An ceathrú buachaill is daichead	An ceathrú hoíche is daichead
50ú	An caogadú buachaill	An caogadú hoíche
55ú	An cúigiú buachaill is caoga	An cúigiú hoíche is caoga
60ú	An seascadú buachaill	An seascadú hoíche
66ú	An séú buachaill is seasca	An séú hoíche is seasca
70ú	An seachtódú buachaill	An seachtódú hoíche
77ú	An seachtú buachaill is seachtó	An seachtú hoíche is seachtó
80ú	An t-ochtódú buachaill	An t-ochtódú hoíche
88ú	An t-ochtú buachaill is ochtó	An t-ochtú hoíche is ochtó
90ú	An nóchadú buachaill	An nóchadú hoíche
99ú	An naoú buachaill is nócha	An naoú hoíche is nócha
100ú	An céadú buachaill	An céadú hoíche

*Tabhair faoi deara nach mbaineann an riail faoi shéimhiú ar an bhfocal 'déag' leis na horduimhreacha.

Cleachtaí le déanamh

A **Scríobh na leaganacha seo a leanas i bhfocail.**

1. an 3ú asal _____
2. an 1ú cailín _____
3. an 3ú áit _____
4. an 4ú fógra _____
5. an 5ú cluiche _____

B **Scríobh na leaganacha seo a leanas i bhfocail.**

1. an 1ú buachaill _____
2. an 4ú deirfiúr _____
3. an 30ú bóthar _____
4. an 6ú bean _____
5. an 2ú aiste _____

C **Scríobh na leaganacha seo a leanas i bhfocail.**

1. an 3ú ceann _____
2. an 1ú bliain _____
3. an 3ú bliain _____
4. an 5ú uair _____
5. an 1ú duine _____

D **Aistrigh go Gaeilge.**

1. The first day in First Year
2. The third bird in the second garden
3. I went to Spain for the third time last year.
4. He came in ninth place in the race.
5. He is the sixth president.

E **Aistrigh go Gaeilge.**

1. This is my sixth year in school.
2. He ran his seventh race last year.
3. He came third in the race.
4. She got her seventh pet today.
5. That is the fourth essay I got this week.

B   Athscríobh na leaganacha seo a leanas gan uimhreacha a úsáid.

1   (9 dlíodóir) _____
2   (23 páiste) _____
3   (4 údar) _____
4   (8 dalta) _____
5   (2 príomhoide) _____

C   Athscríobh na leaganacha seo a leanas gan uimhreacha a úsáid.

1   (6 dochtúir) _____
2   (4 feirmeoir) _____
3   (3 dalta) _____
4   (7 aisteoir) _____
5   (5 deartháir) _____

D   Athscríobh na leaganacha seo a leanas gan uimhreacha a úsáid.

1   (13 poitigéir) _____
2   (4 Garda) _____
3   (1 scríbhneoir) _____
4   (10 saighdiúir) _____
5   (5 cúntóir) _____

E   Athscríobh na leaganacha seo a leanas gan uimhreacha a úsáid.

1   (4 oifigeach) _____
2   (17 amadán) _____
3   (4 ealaíontóir) _____
4   (17 garraíodóir) _____
5   (27 athair) _____

F   Athscríobh na leaganacha seo a leanas gan uimhreacha a úsáid.

1   (2 altra) _____
2   (7 buachaill) _____
3   (2 cailín) _____
4   (7 polaiteoir) _____
5   (19 uachtarán) _____

G   Athscríobh na leaganacha seo a leanas gan uimhreacha a úsáid.

1   (13 dalta) _____
2   (2 máthair) _____
3   (7 deartháir) _____
4   (18 athair) _____
5   (16 iascaire) _____

Súil Siar ar na hUimhreacha

A   Athscríobh na leaganacha seo a leanas gan uimhreacha a úsáid.

1   3 (úll) _____
2   5 (muc) _____
3   17 (dán) _____
4   35 (teach) _____
5   55 (bliain) _____

B   Athscríobh na leaganacha seo a leanas gan uimhreacha a úsáid.

1   3 (fón) _____
2   8 (ceolchoirm) _____
3   4 (timpiste) _____
4   15 (bád) _____
5   34 (cruinniú) _____

C   Athscríobh na leaganacha seo a leanas gan uimhreacha a úsáid.

1   12 (dlúthcheirnín) _____
2   3 (post) _____
3   9 (peann) _____
4   2 (cat) _____
5   10 (madra) _____

D   Athscríobh na leaganacha seo a leanas gan uimhreacha a úsáid.

1   9 (bliain) _____
2   5 (dán) _____
3   an (2ú) líne _____
4   an (1ú) bhliain _____
5   6 (teach) _____

E   Athscríobh na leaganacha seo a leanas gan uimhreacha a úsáid.

1   8 (buachaill) _____
2   12 (cailín) _____
3   20 (fear) _____
4   6 (feirmeoir) _____
5   3 (comharsa) _____

F   Athscríobh na leaganacha seo a leanas gan uimhreacha a úsáid.

1   2 (éiceolaí) _____
2   4 (file) _____
3   13 (Garda) _____
4   7 (scríbhneoir) _____
5   5 (ainniseoir) _____

G   Athscríobh na leaganacha seo a leanas gan uimhreacha a úsáid.

1   15 (saineolaí) _____

2   5 (tráchtaire) _____

3   45 (uachtarán) _____

4   3 (taoiseach) _____

5   105 (dalta) _____

H   Aistrigh na leaganacha seo a leanas go Gaeilge.

1   The second day in Second Year

2   Seven phones and a hundred texts

3   The third tree in the fourth garden

4   17 cars in 4 houses

5   Twenty years ago

I   Aistrigh na habairtí seo a leanas go Gaeilge.

1   He spent five days and four nights out in the cold.

2   There were 17 of them there.

3   I went to France for the third time last year.

4   He came in seventh place in the race.

5   There were eight changes in the class.

J   Aistrigh na leaganacha seo a leanas go Gaeilge.

1   The second night _____

2   The first child _____

3   Twenty-three years ago _____

4   Four horses and seven donkeys _____

5   The second daughter _____

K   Aistrigh na leaganacha seo a leanas go Gaeilge.

1   13 days _____

2   Seven subjects _____

3   The fourth president _____

4   Seven essays and three exercises _____

5   19 bags _____

Caibidil 20

Céimeanna Comparáide na hAidiachta

Más mian liom a rá go bhfuil dhá rud nó beirt mar an gcéanna nó nach bhfuil siad mar an gcéanna, bainim úsáid as an nath 'chomh ... le'.

Samplaí

- Tá Seán chomh dona le Pádraig.
- Tá Aoife chomh hard liomsa.
- Tá Máire chomh beag le hEoin.

Más mian liom a rá nach bhfuil an cháilíocht chéanna ag an dá rud ná ag an mbeirt, bainim úsáid as breischéim na haidiachta. Má tá níos mó ná dhá rud nó beirt i gceist, bainim úsáid as sárchéim na haidiachta chun é sin a chur in iúl. Chun an bhreischéim agus an tsárchéim a dhéanamh, tógtar bunchéim na haidiachta agus athraítear í.

Samplaí

- Tá Seán níos measa ná Pádraig.
- Tá Aoife níos airde ná Síle.
- Is í Máire an duine is lú.
- Is iad na buachaillí i Rang 3 na buachaillí is cliste sa scoil.
- Is é Seán an duine is leisciúla sa scoil.

Más maith liom a rá go bhfuil duine nó rud éigin *much bigger / smaller*, úsáidim an nath 'i bhfad' – i bhfad níos mó; i bhfad níos lú.

Samplaí

- Tá Béarla i bhfad níos éasca ná Fraincis.
- Tá Aoife i bhfad níos ciúine ná Laoise.
- Táim i bhfad níos measa ag an eolaíocht ná ag an stair.

San Aimsir Chaite úsáidtear
- ní ba nó ní b' in ionad níos: níos measa – ní ba mheasa; níos fuaire – ní b'fhuaire
- ba in ionad is: is gile – ba ghile
- ab in ionad is roimh ghuta nó f le guta: is fearr – ab fhearr; is éasca – ab éasca.

Roinn A

Más aidiacht í a chríochnaíonn ar '-(e)ach', athraítear an deireadh go dtí '–(a)í'.

Bunchéim	Breischéim	Sárchéim
aisteach	níos aistí	is aistí
amaideach	níos amaidí	is amaidí
baolach	níos baolaí	is baolaí
binbeach	níos binbí	is binbí
brónach	níos brónaí	is brónaí
costasach	níos costasaí	is costasaí
cumhachtach	níos cumhachtaí	is cumhachtaí
déanach	níos déanaí	is déanaí
díreach	níos dírí	is dírí
eaglach	níos eaglaí	is eaglaí
éifeachtach	níos éifeachtaí	is éifeachtaí
faiteach	níos faití	is faití
fealltach	níos fealltaí	is fealltaí
feargach	níos feargaí	is feargaí
foighneach	níos foighní	is foighní
foréigneach	níos foréigní	is foréigní
leadránach	níos leadránaí	is leadránaí
leithleach	níos leithlí	is leithlí
maslach	níos maslaí	is maslaí
mealltach	níos mealltaí	is mealltaí
salach	níos salaí	is salaí
santach	níos santaí	is santaí
tábhachtach	níos tábhachtaí	is tábhachtaí
tuirseach	níos tuirsí	is tuirsí
uaigneach	níos uaigní	is uaigní

- Bíonn Seán níos feargaí ná Pádraig de ghnáth.
- Tá Máire (i bhfad) níos leithlí ná Ciara.
- Is é an Taoiseach an duine is tábhachtaí sa tír.
- Is í Úna an cailín is uaigní sa rang.
- Cé hé an duine is tábhachtaí sa tír?

Cleachtaí le déanamh

A **Aistrigh na habairtí seo a leanas go Gaeilge.**

1 This is the most boring lesson I've ever done.
2 I will meet you later.
3 Dublin is dirtier than Mayo.
4 This is the straightest road in the country.
5 Seán is the most attractive (*mealltach*) boy in the class.

B **Aistrigh na habairtí seo a leanas go Gaeilge.**

1 My road is more dangerous than yours.
2 That is the most dangerous road of all.
3 That is the most timid class in the school.
4 People are greedier now than ever.
5 *Eastenders* is more boring than *Coronation Street*.

C **Aistrigh na habairtí seo a leanas go Gaeilge.**

1 Who is the most attractive person in the country?
2 He is the most fearful person in the family.
3 Some people think that the subject maths is more important than French.
4 Who is the most powerful person in the club?
5 That's the silliest thing you ever did.

Roinn B

Más aidiacht í a chríochnaíonn ar '-(i)úil', athraítear í go dtí '-(i)úla'.

Bunchéim	Breischéim	Sárchéim
áitiúil	níos áitiúla	is áitiúla
brúidiúil	níos brúidiúla	is brúidiúla
cáiliúil	níos cáiliúla	is cáiliúla
éirimiúil	níos éirimiúla	is éirimiúla
fáiltiúil	níos fáiltiúla	is fáiltiúla
fearúil	níos fearúla	is fearúla
flaithiúil	níos flaithiúla	is flaithiúla
fuinniúil	níos fuinniúla	is fuinniúla
geimhriúil	níos geimhriúla	is geimhriúla
leisciúil	níos leisciúla	is leisciúla
magúil	níos magúla	is magúla
máithriúil	níos máithriúla	is máithriúla
misniúil	níos misniúla	is misniúla
páistiúil	níos páistiúla	is páistiúla
peacúil	níos peacúla	is peacúla
rathúil	níos rathúla	is rathúla
sofaisticiúil	níos sofaisticiúla	is sofaisticiúla
sláintiúil	níos sláintiúla	is sláintiúla
suimiúil	níos suimiúla	is suimiúla
tacúil	níos tacúla	is tacúla
tuirsiúil	níos tuirsiúla	is tuirsiúla

Samplaí

- Tá Cian i bhfad níos brúidiúla ná Tomás.
- Is í Angelina an t-aisteoir is cáiliúla ar fad.
- Cad é an gnó is rathúla sa tír?
- Tá slí mhaireachtála níos sláintiúla ag mo mháthair ná ag m'athair.

Cleachtaí le déanamh

A **Athscríobh na habairtí seo a leanas gan na lúibíní.**

1. Is é sin an fear is (fuinniúil) _____ sa tír.
2. Deir an múinteoir gur muidne an rang is (leisciúil) _____ sa scoil.
3. Tá mo mháthair níos (páistiúil) _____ ná m'athair.
4. Is í Éire an tír is (flaithiúil) _____ ar domhan.
5. Is iad Jedward an cúpla is (cáiliúil) _____ anois.

B **Athscríobh na habairtí seo a leanas gan na lúibíní.**

1. Is é an Béarla an t-ábhar is (suimiúil) _____ ar fad.
2. An bhfuil cailíní níos (magúil) _____ ná buachaillí?
3. Tá Coca Cola ar cheann de na comhlachtaí is (rathúil) _____ ar domhan.
4. Tá na saighdiúirí sin níos (misniúil) _____ ná na daoine eile.
5. Is é seo an lá is (geimhriúil) _____ den bhliain.

C **Aistrigh na habairtí seo a leanas go Gaeilge.**

1. Áine is the most childish girl in the room.
2. She is more sophisticated than I am.
3. Our class is more generous than any other class in the school.
4. Cadbury's is more successful than Nestlé in our town.
5. He's the most energetic person in the school.

D **Aistrigh na habairtí seo a leanas go Gaeilge.**

1. Ciarán is the laziest person on the team.
2. This is the most tiresome exercise.
3. Today was the most wintry day of the year so far.
4. She is the most supportive person on the staff.
5. History is much more interesting than maths.

E **Aistrigh na habairtí seo a leanas go Gaeilge.**

1. Angelina is much more famous than Jennifer now.
2. Susan isn't as childish as Róisín.
3. Who is the bravest person in history?
4. She is more generous than I am because she has more money.
5. That is the most brutal gang in the country.

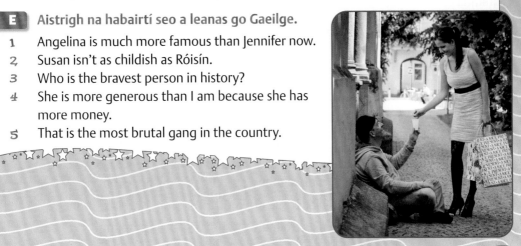

Roinn C

Más aidiacht í a chríochnaíonn ar chonsan eile (nach '-(e)ach' nó '-úil' iad), cuirtear '-e' leis an deireadh. (Caolaítear an aidiacht más gá.)

Bunchéim	Breischéim	Sárchéim
ard	níos airde	is airde
bán	níos báine	is báine
bocht	níos boichte	is boichte
bog	níos boige	is boige
ciallmhar	níos ciallmhaire	is ciallmhaire
ciúin	níos ciúine	is ciúine
cúng	níos cúinge	is cúinge
daor	níos daoire	is daoire
deas	níos deise	is deise
dian	níos déine	is déine
dubh	níos duibhe	is duibhe
éadrom	níos éadroime	is éadroime
fíochmhar	níos fíochmhaire	is fíochmhaire
gar	níos gaire	is gaire
geal	níos gile	is gile
géar	níos géire	is géire
glan	níos glaine	is glaine
glic	níos glice	is glice
glórmhar	níos glórmhaire	is glórmhaire
grámhar	níos grámhaire	is grámhaire
ionraic	níos ionraice	is ionraice
lom	níos loime	is loime
luath	níos luaithe	is luaithe
minic	níos minice	is minice
óg	níos óige	is óige
saor	níos saoire	is saoire
sean	níos sine	is sine
searbh	níos seirbhe	is seirbhe
tréan	níos treise / tréine	is treise / tréine
trom	níos troime	is troime

- Tá mise níos óige ná mo mháthair.
- Is í Fíona an duine is sine sa chlann.
- Tá an múinteoir Béarla níos déine ná an múinteoir Fraincise.
- Cé hé an duine is ciúine sa rang seo?

Cleachtaí le déanamh

A **Aistrigh na habairtí seo a leanas go Gaeilge.**

1. Ireland is poorer now than ten years ago.
2. The door is narrower than the window.
3. This is the blackest day of the year so far.
4. Ciara is the nicest girl in the class.
5. Things are cheaper now than they used to be.

B **Aistrigh na habairtí seo a leanas go Gaeilge.**

1. The lion is heavier than the horse.
2. The mouse is lighter than the rat.
3. I saw him earlier today.
4. He is the slyest politician in the county.
5. Seán is much more sensible than Micheál.

C **Aistrigh na habairtí seo a leanas go Gaeilge.**

1. She is the most loving child in the family.
2. Róisín is the eldest child in the class.
3. You have the sharpest tongue in the world.
4. He forgets things more often now than ever.
5. The days are getting brighter now.

Samplaí

- Is í Sorcha an cailín is cliste sa rang.
- Tá m'athair i bhfad níos réasúnta ná mo mháthair.
- Tá tíortha na hEorpa níos forbartha ná tíortha na hAfraice.
- Tá cúrsaí i bhfad níos síochánta sa tír anois ná mar a bhí.

Cleachtaí le déanamh

A Athscríobh na habairtí seo a leanas gan na lúibíní.

1 Is í Máire an duine is (cineálta) _____ sa rang.
2 Tá rang a trí níos (cliste) _____ ná aon rang eile sa scoil.
3 Is í mo mháthair an duine is (faiseanta) _____ ar an mbóthar.
4 Is é an zú an áit is (mínádúrtha) _____ ar domhan do na hainmhithe.
5 Gan dabht ar bith tá teach na banríona níos (galánta) _____ ná mo theachsa.

B Aistrigh na habairtí seo a leanas go Gaeilge.

1 My grandmother is the kindest person in the world.
2 She is more honest than I am.
3 Boys are more reckless than girls.
4 My sister is much more hot-tempered than I am.
5 Irish is easier than German.

C Aistrigh na habairtí seo a leanas go Gaeilge.

1 Máire is the most sensible girl in the school.
2 Accidents happen more regularly now than ever.
3 This is the most fashionable shop in Dublin.
4 She has the finest house on the road.
5 Christmas is the most traditional time of the year.

D Aistrigh na habairtí seo a leanas go Gaeilge.

1 He is the fastest person on the team.
2 I am the most trained player on the team.
3 This is the most unnatural weather we've ever had.
4 Cian is more mature than Ruairí.
5 He is more limited than I am.

Roinn F. Aidiachtaí Neamhrialta

Bunchéim	Breischéim	Sárchéim
dócha	níos dóichí	is dóichí
fada	níos faide	is faide
furasta	níos fusa	is fusa
gearr	níos giorra	is giorra
iomaí	níos lia	is lia
maith	níos fearr	is fearr
mór	níos mó	is mó
olc	níos measa	is measa
tapaidh	níos tapúla	is tapúla
te	níos teo	is teo

Samplaí

- An í an luch an t-ainmhí is lú?
- Tá fadhb na ndrugaí níos measa anois ná riamh.
- Is fusa dul ar bhád ná ar eitleán.
- Is é is dóichí anois ná go mbeidh rialtas nua againn go luath.

Súil Siar ar Chéimeanna Comparáide na hAidiachta

A Aistrigh na habairtí seo a leanas go Gaeilge.

1 The days are shorter in the winter.
2 The days are longer in the summer.
3 It's usually hotter in Spain than in Ireland.
4 There are more problems in the country now.
5 Seán is the fastest person on the team.

B **Aistrigh na habairtí seo a leanas go Gaeilge.**

1 Máire is cleverer than Úna.
2 The day is longer than the night.
3 The windows are cleaner than the floor.
4 The pupils are younger than the teacher.
5 Spain is hotter than Ireland.

C Aistrigh na habairtí seo a leanas go Gaeilge.

1 I am the tiredest person in the room.
2 Seán is nicer than Eoin.
3 He is the most powerful man in the world.
4 The mouse is smaller than the rat.
5 My father is older than my mother.

D **Aistrigh na habairtí seo a leanas go Gaeilge.**

1 This is the nicest class in the school.
2 Siobhán is better at maths than Stiofán.
3 This is the dirtiest town in Ireland.
4 Laoise was lonelier than Lia when her friend left.
5 This is the brightest day of the year.

E **Athscríobh na habairtí seo a leanas.**

1 Éiríonn an dán níos (suimiúil) _____ agus níos (maith) _____ tar éis tamaill.
2 Is é an 21ú lá de mhí an Mheithimh an lá is (fada) _____ sa bhliain.
3 Is é an 21ú lá de mhí na Nollag an lá is (gearr) _____ sa bhliain.
4 Is é Eoin an t-imreoir is (leisciúil) _____ ar an bhfoireann.
5 Is é an múinteoir Gaeilge an múinteoir is (cliste) _____ agus is (deas) _____ sa scoil ar fad.

F Athscríobh na habairtí seo a leanas.

1 Is é seo an leabhar is (mór) _____ agus is (maith) _____ a léigh mé riamh.
2 Is é Ruairí an buachaill is (dathúil) _____ sa rang.
3 Tá an madra níos (tapaidh) _____ ag rith ná an cat.
4 Tá an dán seo níos (tábhachtach) _____ ná an dán eile.
5 Tá muintir Mheiriceá níos (saibhir) _____ ná muintir na hAfraice.

G Athscríobh na habairtí seo a leanas.

1 Tagaim abhaile ón scoil níos (luath) _____ ná mo dheirfiúr.
2 Bhí sí níos (bán) _____ ná an sneachta nuair a bhí sí tinn.
3 Tá m'athair níos (láidir) _____ ná mo dheartháir óg.
4 Tá eolaíocht níos (deacair) _____ ná Béarla.
5 Tá Rang 2 níos (ciúin) _____ ná Rang 3 ach tá siad níos (ciallmhar)
_____.

H Athscríobh na habairtí seo a leanas.

1 Is é Seán an buachaill is (ard) _____ agus is (cliste) _____ sa rang.
2 Tá muintir Mheiriceá níos (saibhir) _____ ná muintir na hÉireann.
3 Is é mo Dhaideo an duine is (sean) _____ i mo theaghlach.
4 Is í mo Mham an duine is (ciallmhar) _____ sa teach.
5 Tá Máire níos (feargach) _____ agus níos (brúidiúil) _____ ná éinne eile.

I Athscríobh na habairtí seo a leanas.

1 Tá an leanbh óg níos (beag) _____ ach níos (torannach) _____ ná
aon duine eile.
2 Tá na fadhbanna sa tír ag éirí níos (olc) _____ gach lá.
3 D'éirigh an aimsir ní ba (fuar) _____ anuraidh ach ansin d'éirigh na
laethanta ní ba (geal) _____.
4 Tá ag éirí níos (maith) _____ leis an rang anois mar tá múinteoir níos
(dian) _____ acu.
5 Nílim róchinnte faoi cén t-ábhar is (maith) _____ liom agus is (tábhachtach)
_____ dom anois.

J Athscríobh na habairtí seo a leanas.

1 Is iad na daoine ar na sráideanna na daoine is (bocht) _____ agus is
(uaigneach) _____ dá bhfuil ann.
2 Is é sin an bóthar is (contúirteach) _____ sa tír.
3 Tá Cian níos (cúramach) _____ agus níos (foighneach) _____ ná Liam.
4 Is iad sin an cúpla is (sona) _____ sa tír.
5 An í an ghramadach an rud is (tábhachtach) _____ sna teangacha?

K Athscríobh na habairtí seo a leanas.

1 An bhfuil a fhios agat cad í an deoch is (meisciúil) _____?
2 Is é seo an ceacht is (deacair) _____ a rinne mé riamh.
3 Tá Ciara níos (mídhílis) _____ ná na cailíní eile.
4 Is é sin an leanbh is (gleoite) _____ agus is (deas) _____ a chonaic
mé riamh.
5 Cad é an t-ábhar is (suimiúil) _____?

Caibidil 21

An Aidiacht Bhriathartha

Riail le foghlaim

- Tagann an Aidiacht Bhriathartha ó bhriathar. Tugann an Aidiacht Bhriathartha eolas dúinn ar an staid ina bhfuil duine nó rud tar éis gníomh áirithe.
- Úsáidtear an réamhfhocal 'ag' leis an Aidiacht Bhriathartha chun an gníomhaí a chur in iúl – tá an doras dúnta agam; tá an leabhar léite aige.
- Cumtar an Aidiacht Bhriathartha trí -ta, -te, -tha, -the, -a, -e nó -fa a chur le fréamh an bhriathair; mar shampla, dúnta, scuabtha, ligthe, cleachta, tite, scríofa.
- Cuirtear -ta nó -te le briathar a chríochnaíonn ar -l, -n, -s, -ch, -d:

bris	briste
caith	caite
dearmad	dearmadta
díol	díolta
dún	dúnta
goid	goidte
ith	ite
múch	múchta

- Cuirtear -tha nó -the le briathra a chríochnaíonn ar -b, -c, -g, -m, -p, -r:

cíor	cíortha
cuir	curtha
cum	cumtha
fág	fágtha
foghlaim	foghlamtha
gearr	gearrtha
íoc	íoctha
scaip	scaipthe
scuab	scuabtha
stróic	stróicthe
tóg	tógtha

- Cuirtear -fa le briathra a chríochnaíonn ar -bh, -mh, -gh:

lobh	lofa
scríobh	scríofa
togh	tofa

- Cuirtear -a nó -e le briathra a chríochnaíonn ar -t:

cleacht	cleachta
loit	loite
scoilt	scoilte

- Más briathar a chríochnaíonn ar -gh atá ann fágtar an -gh ar lár agus cuirtear -te nó -the leis:

ceannaigh	ceannaithe
imigh	imithe
léigh	léite
suigh	suite

Samplaí

Fréamh	Aidiacht Bhriatharta
abair	ráite
báigh	báite
beir	beirthe
bris	briste
buaigh	buaite
ceannaigh	ceannaithe
clois	cloiste
crúigh	crúite
déan	déanta
dóigh	dóite
faigh	faighte
feic	feicthe
foghlaim	foghlamtha
imigh	imithe

Fréamh	Aidiacht Bhriatharta
imir	imeartha
inis	inste
léigh	léite
nigh	nite
oscailt	oscailte
pléigh	pléite
pós	pósta
reoigh	reoite
rith	rite
sábháil	sábháilte
suigh	suite
tabhair	tugtha
tar	tagtha
téigh	dulta

Cleachtaí le déanamh

A **Athscríobh na habairtí seo gan na lúibíní.**

1 Bhí uachtarán nua (togh) _____ ag an tír.
2 Ní raibh an obair bhaile (déan) _____ aige.
3 Bhí an bia ar fad (ith) _____ acu.
4 Bhí an bainne ar fad (ól) _____ agam.
5 Bhí na daoine go léir (bailigh) _____ ag an siopa.

B **Athscríobh na habairtí seo gan na lúibíní.**

1 Bhí an clár sin (feic) _____ agam cheana.
2 Níl focal (abair) _____ ag an bpáiste ó thosaigh sé an scoil.
3 Tá a lán obair bhaile (faigh) _____ againn ón múinteoir sin.
4 Tá an t-airgead (tabhair) _____ agam don mhúinteoir.
5 Tá a mhisneach (caill) _____ aige.

Athscríobh na habairtí seo gan na lúibíní.

1 Tá an rás (rith) _____ agus (buaigh) _____ aige.
2 Tá an leabhar (pléigh) _____ agam le mo chara.
3 Tá an t-amhrán sin (clois) _____ agam na mílte uair.
4 Tá an bia sin (lobh) _____.
5 Bhí an cluiche (imir) _____.

D **Athscríobh na habairtí seo gan na lúibíní.**

1 Níl an leabhar sin (léigh) _____ agam go fóill.
2 An bhfuil an t-urlár (nigh) _____ agat?
3 Tá a chuid airgid go léir (caith) _____ aige.
4 Tá an chlann (sábháil) _____ ón tine.
5 An bhfuil Seán (tar) _____ abhaile go fóill?

E Athscríobh na habairtí seo gan na lúibíní.

1 Cá raibh a mála (fág) _____ aici?
2 Níl m'aiste (scríobh) _____ agam go fóill.
3 Is aoibhinn liom uachtar (reoigh) _____.
4 Bhí an scéal (luaigh) _____ sa pháipéar.
5 An bhfuil a fhios agat an bhfuil sí (fill) _____ ó Mheiriceá fós?

F Athscríobh na habairtí seo gan na lúibíní.

1 An bhfuil an obair (críochnaigh) _____ agat go fóill?
2 Bhí mo mhála (goid) _____.
3 An bhfuil an t-uisce (cas) _____ as agat?
4 Níl na soilse (múch) _____.
5 An bhfuil na fuinneoga (dún) _____ agat?

G Athscríobh na habairtí seo gan na lúibíní.

1 Cén t-am a bheidh an siopa (oscail) _____?
2 An bhfuil do chuid gruaige (cíor) _____ agat go fóill?
3 Níl an teach (glan) _____ go fóill.
4 An bhfuil na billí (íoc) _____ agat?
5 An bhfuil an teach (sroich) _____ acu go fóill?

H Athscríobh na habairtí seo gan na lúibíní.

1 Beidh siad (pós) _____ amárach.
2 Tá an tseanbhean (suigh) _____ ansin le tamall.
3 Bhí sé (préach) _____ leis an bhfuacht.
4 Níl an bus (tar) _____ go fóill.
5 Tá an t-airgead (cuir) _____ i bhfolach agam.

I Athscríobh na habairtí seo gan na lúibíní.

1   Tá an scéal sin (inis) _____ go minic.
2   Tá an domhan (truailligh) _____ anois.
3   Tá na páistí (mill) _____ ag milseáin.
4   Tá sí (éirigh) _____ an-chiúin.
5   Bhí sé (gabh) _____ le drugaí.

J Athscríobh na habairtí seo gan na lúibíní.

1   Bhí na hainmhithe (scaoil) _____ amach as an zú.
2   Tá an fhuinneog (bris) _____.
3   Tá na héadaí (stróic) _____ ag an ngabhar.
4   Bhí bréag (cum) _____ ag an gcailín.
5   Tá an féar (gearr) _____ ag mo Dhaid anois.

K Athscríobh na habairtí seo gan na lúibíní.

1   Bhí an teach (loit) _____ ag an uisce.
2   Tá mo lámh (dóigh) _____ag an tine.
3   Bhí ceacht (foghlaim) _____ aige.
4   Tá an coláiste (oscail) _____ do gach duine.
5   Tá carr nua (ceannaigh) _____ agam.

L Athscríobh na habairtí seo gan na lúibíní.

1   Chomh luath is a bhí an teach (tóg) _____ bhí sé (díol) _____ aige.
2   Bhí a croí (bris) _____ ag an bhfear.
3   Bhí díoltas (faigh) _____ aici nuair a bhí an teach (mill) _____.
4   Beidh an leabhar (léigh) _____ agam agus dán (scríobh) _____ go luath.
5   Ní raibh na cóipleabhair (ceartaigh) _____ ag an múinteoir in am.

M Athscríobh na habairtí seo gan na lúibíní.

1   Bhí an rás (rith) _____ agus an duais (buaigh) _____ aige sular thosaigh aon duine eile ag rith.
2   Bhí an balla (leag) _____ ag an mbó.
3   Bhí an scéal céanna (inis) _____ ag an seanchaí go minic.
4   Is é an t-uachtarán a (togh) _____ é.
5   Bhí an leithscéal sin (clois) _____ ag an múinteoir go minic.

Caibidil 22
An tAinm Briathartha

Riail le foghlaim

- Tagann an tAinm Briathartha ó bhriathar agus tá feidhm ainmfhocail agus feidhm briathair aige.
- Cuirtear foirceann (*affix*) éigin, de ghnáth, le fréamh an bhriathair chun an t-ainm briathartha a chumadh.
- Cuirtear -(e)adh le roinnt briathra.

béic	béiceadh
caill	cailleadh
geall	gealladh

- Is é -ú nó -iú an foirceann a chuirtear leis an gcuid is mó de na briathra ilsiollacha a chríochnaíonn le -aigh no -igh:

| bailigh | bailiú |
| críochnaigh | críochnú |

ach!

- Tá ainm briathartha neamhrialta ag cuid de na briathra ilsiollacha:

| ceannaigh | ceannach |
| cónaigh | cónaí |

- Cuirtear -t leis an bhfréamh le cuid de na briathra:

| bain | baint |
| imir | imirt |

- Cuirtear -áil leis an bhfréamh le cuid de na briathra:

| fág | fágáil |
| tóg | tógáil |

- Cuirtear -(a)int leis an bhfréamh le cuid de na briathra:

| féach | féachaint |
| tuig | tuiscint |

- Cuirtear -(e)amh leis an bhfréamh le cuid de na briathra:

caith	caitheamh
déan	déanamh

Fréamh	Ainm Briathartha	Fréamh	Ainm Briathartha
abair	rá	freagair	freagairt
aimsigh	aimsiú	fulaing	fulaingt
bagair	bagairt	glan	glanadh
bailigh	bailiú	glaoigh	glaoch
beir	breith	imigh	imeacht
bí	bheith	imir	imirt
bris	briseadh	impigh	impí
buaigh	buachan	inis	insint
buail	bualadh	ith	ithe
caill	cailleadh	labhair	labhairt
caith	caitheamh	lean	leanúint
ceannaigh	ceannach	léigh	léamh
ceistigh	ceistiú	léim	léim
cíor	cíoradh	lig	ligean
clois	cloisteáil	líon	líonadh
clúdaigh	clúdach	múin	múineadh
coimeád	coimeád	nigh	ní
cónaigh	cónaí	oscail	oscailt
creid	creidiúint	pioc	piocadh
críochnaigh	críochnú	pléigh	plé
cuardaigh	cuardach	réitigh	réiteach
cuir	cur	rith	rith
déan	déanamh	scríobh	scríobh
díol	díol	seas	seasamh
dúisigh	dúiseacht	siúil	siúl
dún	dúnadh	socraigh	socrú
éirigh	éirí	suigh	suí
faigh	fáil	tabhair	tabhairt
fan	fanacht	tar	teacht
féach	féachaint	téigh	dul
feic	feiceáil		

- Úsáidtear 'ag' leis an ainm briathartha nuair is gníomh leanúnach atá i gceist: ag déanamh; ag labhairt; ag canadh; ag íoc.
- Úsáidtear 'a' roimh an ainm briathartha: bhí sé ar tí litir a scríobh; dúirt sí liom an obair a dhéanamh. Cuirtear séimhiú ar an Aimsir Briathartha ina dhiaidh.
- Úsáidtear 'le' agus 'chun' leis an ainm briathartha chun gníomh atá nó a bhí beartaithe le déanamh: chuaigh sé ann chun labhairt leis; bhí a lán oibre le déanamh agam.

Cleachtaí le déanamh

A Cuir isteach an fhoirm cheart de na briathra idir lúibíní.

1. Bhí mé chun m'obair bhaile (a déan) _____.
2. Ba mhaith liom (téigh) _____ go Meiriceá ar mo laethanta saoire.
3. Tá sé sásta an doras (a dún) _____.
4. Ba mhaith liom ceacht (a múin) _____ dó.
5. Táim chun mo chuid airgid ar fad (a caith) _____ ar mhilseáin.

B Cuir isteach an fhoirm cheart de na briathra idir lúibíní.

1. Ba mhaith léi mála nua (a ceannaigh) _____.
2. Bhí an múinteoir ag (bailigh) _____ na gcóipleabhar.
3. Beidh Seán ag (imir) _____ ar fhoireann na scoile.
4. Ba bhreá liom (buail) _____ le U2.
5. Bhí na Gardaí ag (ceistigh) _____ na bhfear.

C Cuir isteach an fhoirm cheart de na briathra idir lúibíní.

1. Ba mhaith le mo mháthair sméara (a bain) _____ chun subh (a déan) _____.
2. Tá an múinteoir chun an leabhar (a pléigh) _____ leis an rang amárach.
3. Nílim chun bréag (a inis) _____ arís.
4. Bhí an chlann ag (fulaing) _____ go mór.
5. Nílim ábalta aon rud (a feic) _____ gan mo spéaclaí.

D Cuir isteach an fhoirm cheart de na briathra idir lúibíní.

1. Bhí mo chara ag (fan) _____ liom ag stad an bhus.
2. Bhí sé ag (cuir) _____ báistí inné.
3. Bhí na buachaillí ina (cónaigh) _____ faoin tuath.
4. Nílim chun an fón seo (a caill) _____.
5. Tá súil aige an aiste (a críochnaigh) _____ amárach.

E Cuir isteach an fhoirm cheart de na briathra idir lúibíní.

1 Beidh mé ag (ith) _____ mo lóin ar ball.
2 Níl aon duine ábalta an fhadhb (a réitigh) _____.
3 Bíonn sé i gcónaí ag (inis) _____ bréag.
4 Bhí orainn (éirigh) _____ go luath ar maidin.
5 Níl siad ag (labhair) _____ lena chéile a thuilleadh.

F Cuir isteach an fhoirm cheart de na briathra idir lúibíní.

1 Bhí an fear ag (glaoigh) _____ ar na Gardaí.
2 Beidh an traenálaí ag (roghnaigh) _____ na foirne amárach.
3 B'fhuath liom cabáiste (a ith)
   _____.
4 Bhí mé chun (a abair) _____ leis gan (tar) _____ anseo arís.
5 Ba mhaith liom mo chairde go léir (a coimeád) _____ go deo.

An Modh Ordaitheach agus Caint Indíreach

Riail le foghlaim

- Má chuirtear briathar cosúil le 'deirim / ceapaim / chuala mé / thuig mé' roimh bhriathar atá sa mhodh ordaitheach, athraítear an modh ordaitheach go dtí an t-ainm briathartha.
- Athraítear 'ná' go dtí 'gan' sa chaint indíreach.
- Má chuirtear 'a' roimh an ainm briathartha, cuirtear séimhiú ar an ainm briathartha; mar shampla, a dhúnadh / a fheiceáil / a ghlanadh.

Samplaí

Ordú	Indíreach
'Déan d'obair bhaile!'	Dúirt sí liom m'obair bhaile a dhéanamh.
'Ná téigh amach!'	Deirtear liom gan dul amach.
'Dún an doras!'	Dúradh leis an doras a dhúnadh.
'Ná fág an bruscar ar an talamh!'	Dúirt an múinteoir gan an bruscar a fhágáil ar an talamh.

Cleachtaí le déanamh

A Cuir na focail 'Dúirt Aoife le Cian' roimh gach ordú thíos agus déan cibé athruithe is gá.

1 Ceannaigh an leabhar sin dom!
2 Ná caith toitíní go deo!
3 Tabhair an t-airgead dom!
4 Ná buail an fhuinneog!
5 Suigh síos agus lig do scíth!

B Cuir na focail 'Dúirt Dara le Deirdre' roimh gach ordú thíos agus déan cibé athruithe is gá.

1 Glan do sheomra anois!
2 Ná freagair an cheist sin!
3 Bailigh na cóipleabhair!
4 Seas suas agus téigh amach!
5 Fan istigh!

C Cuir na focail 'Dúirt Gráinne le Gearóid' roimh gach ordú thíos agus déan cibé athruithe is gá.

1 Cuir an bruscar sa bhosca!
2 Féach ar an mbuachaill sin!
3 Ná habair é sin arís!
4 Scríobh aiste dom!
5 Deisigh an teach dom!

D Cuir na focail 'Dúirt Liam le Laoise' roimh gach ordú thíos agus déan cibé athruithe is gá.

1 Labhair liom ar ball!
2 Ná tóg an bord sin!
3 Ná ceap gur cairde muid!
4 Beir ar an liathróid!
5 Ná rith ach siúil!

E Cuir na focail 'Dúirt Máire le Marc' roimh gach ordú thíos agus déan cibé athruithe is gá.

1 Athraigh do chuid éadaigh!
2 Ná diúltaigh don airgead!
3 Cuardaigh an teach go mion!
4 Ná himigh abhaile anois!
5 Brostaigh ort!

Caibidil 23
An tAinmfhocal

- Tá dhá inscne sa Ghaeilge, firinscne agus baininscne.
- Níl aon riail dhocht dhaingean ann chun a rá an bhfuil ainmfhocal baininscneach nó firinscneach, ach tá cúpla leid ann chun é a dhéanamh amach.

Firinscneach

- Má chríochnaíonn ainmfhocal ar **-án**, bíonn sé firinscneach; mar shampla: arán, milseán, amadán, ardán, portán.
- Má chríochnaíonn ainmfhocal ar **-eoir, -éir, -óir, -úir**, agus má tá baint aige le slí bheatha, bíonn sé firinscneach; mar shampla: dochtúir, múinteoir, tuismitheoir, feirmeoir, polaiteoir.
- Má chríochnaíonn ainmfhocal ar **-ín**, bíonn sé firinscneach; mar shampla: cailín, toitín, sicín, silín.
- Má chríochnaíonn ainmfhocal ar **-(e)acht**, agus mura bhfuil ann ach siolla amháin, bíonn sé firinscneach; mar shampla: ceacht, smacht, éacht, racht.
- Má chríochnaíonn ainmfhocal ar **ghuta**, tá seans maith ann go bhfuil sé firinscneach; mar shampla: file, rógaire, oibrí, pá, rúnaí, siopa, uisce, tiománaí.
- Má chríochnaíonn ainmfhocal ar **chonsan leathan**, tá seans maith ann go bhfuil sé firinscneach; mar shampla: cath, éad, fuath, sionnach, leithreas.

Baininscneach

- Má chríochnaíonn ainmfhocal ar **-(e)acht** agus níos mó ná siolla amháin ann, nó má chríochnaíonn an t-ainmfhocal ar **-(a)íocht**, bíonn sé baininscneach de ghnáth; mar shampla: filíocht, aidiacht, cumhacht, iarracht, éifeacht.
- Má chríochnaíonn ainmfhocal ar **-eog** nó **-óg**, bíonn sé baininscneach; mar shampla: fuinneog, bábóg, bróg.
- Má chríochnaíonn ainmfhocal ar **-lann**, bíonn sé baininscneach de ghnáth; mar shampla: leabharlann, amharclann, pictiúrlann, clann.
- Má chríochnaíonn ainmfhocal ar **chonsan caol**, tá seans maith ann go bhfuil sé baininscneach; mar shampla: cáisc, feoil, fuil, ceist, gruaig, teilifís.
- Tá tromlach na **dtíortha** baininscneach, mar shampla: An Fhrainc, An Ghearmáin, An Iodáil.
- Más **teanga** atá i gceist, bíonn sé baininscneach de ghnáth, mar shampla: An Fhraincis, An Spáinnis, An Ghaeilge; 'Béarla' an t-aon eisceacht.

Cleachtaí le déanamh

Déan iarracht a dhéanamh amach an bhfuil na hainmfhocail seo a leanas baininscneach (b) nó firinscneach (f).

údar	aisteoir	bord	teilifís
teach	agóid	aicíd	aidhm
aisling	áis	bainis	aois
argóint	baintreach	cailc	cearnóg
ceardlann	coinín	ríomhaire	bóthar
bainisteoir	biseach	feabhas	dán
fiaclóir	seomra	sólás	maistín
banc	páiste	aimsir	trua
taitneamh	fear	sagart	gunna
tuaisceart	bochtanas	foréigean	cabhair
comhairle	baile	ócáid	moill
scéal	balla	tairngreacht	dílseacht
muinín	farraige	craiceann	osna
uaigneas	abairt	ceist	seachtain
eaglais	feirm	fiacail	gealach
gruaig	liathróid	obair	páirc
pingin	guth	loch	rang
rinceoir	siopadóir	báicéir	trácht

An Tuiseal Ginideach

- Má thagann dhá ainmfhocal i ndiaidh a chéile agus ceangal eatarthu, bíonn an dara ceann sa Tuiseal Ginideach; mar shampla: bean an tí, fear an phoist, ainm na scoile; muintir na hÉireann.
- Má thagann ainmfhocal díreach i ndiaidh an ainm bhriathartha, bíonn sé sa Tuiseal Ginideach; mar shampla: ag déanamh na hoibre, ag insint na fírinne, ag tógáil tí, ag ithe an dinnéir; ag bailiú nirt; ag taisteal na tíre.
- Má thagann ainmfhocal díreach i ndiaidh an réamhfhocail chomhshuite, bíonn sé sa Tuiseal Ginideach; mar shampla:

ar aghaidh *opposite*: Bhí sé ina sheasamh ar aghaidh an tséipéil.	i gcomhair *for the purpose of*: Cheannaigh mé feoil i gcomhair an dinnéir.
ar chúl *behind*: Tá an gairdín ar chúl an tí.	i lár *in the middle of*: Dhúisigh an leanbh i lár na hoíche.
ar feadh *during, throughout*: Bhí sé ag cur báistí ar feadh an lae.	i láthair *in the presence of*: Bhí mé ciúin i láthair na banríona.
ar fud *throughout*: Tá an fhadhb sin forleathan ar fud na tíre.	i measc *among*: Bhí mé i measc na nGael.
ar son *for the sake of, on behalf of*: Throid sé ar son a chlainne.	in aice *beside*: Tá mo theach in aice na farraige.
de bharr *as a result of*: Fuair sé bás de bharr na timpiste.	i ndiaidh *after*: Rith sé i ndiaidh an chapaill.
i rith *during*: i rith an tsamhraidh	a lán *a lot*: a lán airgid
de réir *according to*: de réir na mná	i dtreo *in the direction of*: Rith sé i dtreo na coille.
go ceann *for the duration of*: go ceann seachtaine	le haghaidh *for the purpose of*: le haghaidh an scrúdaithe
i dtaobh *about*: i dtaobh na ceiste sin	le hais *beside*: le hais Sheáin
le linn *during*: le linn an dráma	os cionn *above*: os cionn an tí
os comhair *opposite, in front of*: os comhair an dorais	tar éis *after*: tar éis tamaill
i gcoinne *against*: i gcoinne a thola	de bhrí *because of*: de bhrí an na míthuisceana

● Leanann an Tuiseal Ginideach na réamhfhocail seo chomh maith: dála, chun, trasna, timpeall, cois – dála an scéil, chun na farraige, trasna na páirce, timpeall na tíre, cois cuain, ar feadh na hoíche, go ceann tamaill, trasna an tsléibhe, ag tús an scéil, ar son na hÉireann, timpeall na scoile, in aice na tine, i rith na bliana, in aghaidh an dorais, os comhair an tí, cois na trá.

An tAlt leis an Ainmfhocal Uatha

Déan staidéar ar na táblaí seo agus tabhair faoi deara na cásanna ina gcuirtear séimhiú, t- nó t ar an ainmfhocal.

Ainmfhocal Firinscneach

An Tuiseal Ainmneach	Tá an fear ag caint.
An Tuiseal Ginideach	Tá mac an fhir anseo.
An Tuiseal Ainmneach	Tá an t-aisteoir ag caint.
An Tuiseal Ginideach	Cloisim caint an aisteora.
An Tuiseal Ainmneach	Tá an siopa ar oscailt.
An Tuiseal Ginideach	Tá úinéir an tsiopa anseo.
An Tuiseal Ainmneach	Tá an droichead go deas.
An Tuiseal Ginideach	Tá ainm an droichid go deas.

- Má tá **ainmfhocal firinscneach** ann agus má thosaíonn sé le **guta**, cuirtear t- roimhe sa Tuiseal Ainmneach – an t-alt, an t-aisteoir, an t-éan – agus cailltear an t- sa Tuiseal Ginideach – tús an ailt, ainm an aisteora, ceol an éin.
- Má tá **ainmfhocal firinscneach** ann agus má thosaíonn sé le **consan**, ní chuirtear aon rud ann sa Tuiseal Ainmneach – an fear, an capall, an file – ach cuirtear séimhiú isteach sa Tuiseal Ginideach – ainm an fhir, dath an chapaill, dán an fhile.
- Má tá **ainmfhocal firinscneach** ann agus má thosaíonn sé le **s**, ní chuirtear aon rud ann sa Tuiseal Ainmneach – an siopa, an sagart, an samhradh – ach cuirtear t roimh an s sa Tuiseal Ginideach – os comhair an tsiopa, ainm an tsagairt, i rith an tsamhraidh.
- Má tá **ainmfhocal firinscneach** ann agus má thosaíonn sé le **d** nó **t**, ní chuirtear aon rud roimhe sa Tuiseal Ainmneach – an doras, an dán, an domhan; an tarbh, an tarracóir, an teaghlach – agus ní chuirtear h ann sa Tuiseal Ginideach ach an oiread – dath an dorais, tús an dáin, ar fud an domhain; dath an tairbh, torann an tarracóra, saol an teaghlaigh.

Ainmfhocal Baininscneach

An Tuiseal Ainmneach	Tá an bhean ag caint.
An Tuiseal Ginideach	Cloisim caint na mná.
An Tuiseal Ainmneach	Tá an áit go deas.
An Tuiseal Ginideach	Tá muintir na háite go deas.
An Tuiseal Ainmneach	Tá an tseachtain seo fada.
An Tuiseal Ginideach	Tá deireadh na seachtaine ag teacht.
An Tuiseal Ainmneach	Tá an dáil ag tionól inniu.
An Tuiseal Ginideach	tionól na dála.

- Má tá **ainmfhocal baininscneach** ann agus má thosaíonn sé le **guta**, ní chuirtear aon rud roimhe sa Tuiseal Ainmneach – an áit, an eochair, an inis – ach cuirtear h sa Tuiseal Ginideach – muintir na háite, dath na heochrach, muintir na hinse.

- Má tá **ainmfhocal baininscneach** ann agus má thosaíonn sé le **consan**, cuirtear séimhiú air sa Tuiseal Ainmneach – an bhean, an chlann, an fhuinneog – ach cailltear an séimhiú sa Tuiseal Ginideach – ainm na mná, teach na clainne, leac na fuinneoige.

- Má tá **ainmfhocal baininscneach** ann agus má thosaíonn sé le **s**, cuirtear t roimhe sa Tuiseal Ainmneach – an tsaotharlann, an tseamróg, an tseachtain – ach cailltear an t sa Tuiseal Ginideach – os comhair na saotharlainne, dath na seamróige, i rith na seachtaine.

- Má tá **ainmfhocal baininscneach** ann agus má thosaíonn sé le **d** nó **t**, ní chuirtear séimhiú air sa Tuiseal Ainmneach – an dáil, an draíocht, an dallóg; an tine, an timpiste, an traein – agus ní chuirtear aon rud ann sa Tuiseal Ginideach ach an oiread – tionól na dála, bean na draíochta, dath na dallóige; teas na tine, cúis na timpiste, am na traenach.

Cleachtaí le déanamh

Cuir an t-alt roimh na hainmfhocail thíos, sa Tuiseal Ainmneach agus sa Tuiseal Ginideach (tá deireadh an ainmfhocail sa Tuiseal Ginideach tugtha).

capall	an capall	dath an chapaill
bád		_____ áid
seomra		_____ eomra
triail		_____ alach
cailín		_____ ailín
buachaill		_____ uachalla
scoil		_____ oile
coláiste		_____ oláiste
fadhb		_____ aidhbe
foréigean		_____ oréigin
ceacht		_____ eachta
doras		_____ orais
tragóid		_____ góide
déagóir		_____ éagóra
clann		_____ ainne
seachtain		_____ eachtaine
oíche		_____ íche
oileán		_____ ileáin
samhradh		_____ amhraidh
peil		_____ eile
scrúdú		_____ crúdaithe
aiste		_____ iste
síocháin		_____ íochána

An tAlt leis an Ainmfhocal Iolra

Déan staidéar ar na táblaí seo agus tabhair faoi deara na cásanna ina gcuirtear h nó urú ar an ainmfhocal.

Ainmfhocal Firinscneach

An Tuiseal Ainmneach	Tá na fir ag caint.
An Tuiseal Ginideach	Tá mic na bhfear anseo.
An Tuiseal Ainmneach	Tá na haisteoirí ag caint.
An Tuiseal Ginideach	Cloisim caint na n-aisteoirí.
An Tuiseal Ainmneach	Tá na siopaí ar oscailt.
An Tuiseal Ginideach	Tá úinéir na siopaí anseo.

Ainmfhocal Baininscneach

An Tuiseal Ainmneach	Tá na mná ag caint.
An Tuiseal Ginideach	Cloisim caint na mban.
An Tuiseal Ainmneach	Tá na háiteanna go deas.
An Tuiseal Ginideach	Tá muintir na n-áiteanna go deas.
An Tuiseal Ainmneach	Tá na seachtainí seo fada.
An Tuiseal Ginideach	Tá deireadh na seachtainí tagtha.

- San uimhir iolra is cuma má tá ainmfhocal firinscneach nó baininscneach, baineann na rialacha céanna leo.
- Sa **Tuiseal Ainmneach iolra**, má thosaíonn an t-ainmfhocal le **guta**, cuirtear h roimhe: na háiteanna, na húdair, na haisteoirí, na haibhneacha; má thosaíonn an t-ainmfhocal le **consan** nó **s**, ní chuirtear aon rud ar an ainmfhocal: na mná, na seachtainí, na fir, na siopaí.
- Sa **Tuiseal Ginideach iolra**, má thosaíonn an t-ainmfhocal le **guta**, cuirtear n- roimhe: muintir na n-áiteanna, leabhair na n-údar, cáil na n-aisteoirí; má thosaíonn an t-ainmfhocal le **consan**, cuirtear urú roimh an ainmfhocal: caint na mban, obair na bhfear; má thosaíonn an t-ainmfhocal le **s**, ní chuirtear aon rud ar an ainmfhocal: i rith na seachtainí, os comhair na siopaí.

Cleachtaí le déanamh

Cuir an t-alt roimh na hainmfhocail thíos, sa Tuiseal Ainmneach agus sa Tuiseal Ginideach iolra (tá deireadh an ainmfhocail sa iolra tugtha).

capaill	na capaill	dath na gcapall
bád		_____ ád
seomra		_____ eomraí
cailín		_____ ailíní
buachaill		_____ uachallaí
scoil		_____ oileanna
coláiste		_____ oláistí
fadhb		_____ adhbanna
foirgneamh		_____ oirgneamh
ceacht		_____ eachtanna
doras		_____ oirse
déagóir		_____ éagóirí
clann		_____ lann
seachtain		_____ eachtainí
oíche		_____ ícheanta
oileán		_____ ileán
samhradh		_____ amhraí
peil		_____ eileanna
scrúdú		_____ crúduithe
aiste		_____ istí
snámhaí		_____ ámhaithe

Tá bealaí difriúla ann chun ainmfhocal a chur san uimhir iolra.

- **Caolaítear** an uimhir uatha: na fir, na húdair, na Sasanaigh, na leabhair.
- Cuirtear **-a** leis an uimhir uatha: na fuinneoga, na clanna, na húlla, na cearta.
- Cuirtear **-ta** leis an uimhir uatha: na dánta, na saolta, na rónta, na tonnta.
- Cuirtear **-(e)anna** leis an uimhir uatha: na básanna, na fadhbanna, na scoileanna.
- Cuirtear **-í** leis an uimhir uatha: na seachtainí, na habairtí, na haisteoirí, na feirmeoirí, na cailíní, na siopaí, na buachaillí, na hearraí.

- Cuirtear **-(e)acha** leis an uimhir uatha: na carraigeacha, na hiníonacha, na feirmeacha.
- Cuirtear **-te** leis an uimhir uatha: na coillte, na haillte.
- Cuirtear **-aí** leis an uimhir uatha: na haidiachtaí, na cáilíochtaí, na rásaí.
- Athraítear **-(a)í** go dtí **-(a)ithe**: na hainmhithe, na gadaithe, na tiománaithe.
- Athraítear **-ú** go dtí **-uithe**: na scrúduithe, na fiosruithe.

Níl na hiolraí ar fad anseo, ach tá siad go léir le fáil i bhfoclóir Uí Dhónaill (foilsithe ag an Gúm).

Cleachtaí le déanamh

Scríobh an uimhir iolra de na hainmfhocail seo.

an stoirm	na stoirmeacha
an aois	na haoiseanna
an tseachtain	na seachtainí
an bóthar	
an timpiste	
an mac	
an file	
an peann	
an mála	
an lá	
an carr	
an tsaotharlann	
an t-ainniseoir	
an príomhoide	
an mheánscoil	
an bhean	
an páiste	
an liathróid	
an cluiche	
an séasúr	
an mhí	
an cheolchoirm	
an meafar	
an focal	

Na Díochlaontaí

Tá cúig dhíochlaonadh den ainmfhocal ann sa Ghaeilge. Is í foirm an Tuisil Ghinidigh Uatha a thaispeánann díochlaonadh an ainmfhocail.

An Chéad Díochlaonadh

Tá na hainmfhocail go léir firinscneach agus críochnaíonn siad ar chonsan leathan. Chun an Tuiseal Ginideach Uatha a fháil, caolaítear an consan deiridh.

	Uatha	Iolra
Ain.	Tháinig an fear.	Tháinig na fir.
Gin.	caint an fhir	caint na bhfear
Ain.	Tháinig an sagart.	Tháinig na sagairt.
Gin.	caint an tsagairt	caint na sagart
Ain.	Tháinig an t-éan.	Tháinig na héin.
Gin.	ceol an éin	ceol na n-éan
Ain.	Tháinig an marcach.	Tháinig na marcaigh.
Gin.	caint an mharcaigh	caint na marcach
Ain.	an dán	na dánta
Gin.	téama an dáin	téama na ndánta

An Uimhir Iolra sa Chéad Díochlaonadh

An dtugann tú faoi deara nach bhfuil an uimhir iolra mar an gcéanna i gcónaí?

Tréaniolra

● Má tá an fhoirm chéanna ag an ainmfhocal i ngach tuiseal agus é san uimhir iolra, is tréaniolra é; mar shampla: an bóthar, na bóithre, ar thaobh na mbóithre; dán, na dánta, leabhar na ndánta; an cogadh, na cogaí, ré na gcogaí; an bealach, na bealaí, taobh na mbealaí; an scéal, na scéalta, tús na scéalta.

Lagiolra

● Má chaolaítear an uimhir uatha chun an uimhir iolra a dhéanamh, tá lagiolra ann agus níl sé mar an gcéanna i ngach tuiseal: an fear, na fir, caint na bhfear; an bád, na báid, dath na mbád.

Bí cúramach!

- Má thosaíonn an t-ainmfhocal le d nó t, ní chuirtear séimhiú air sa Tuiseal Ginideach: ainm an droichid, praghas an ticéid.
- An raibh a fhios agat gur bhain a lán de na hainmfhocail aidiachtacha leis an gCéad Díochlaonadh?

	Uatha		Iolra
Ain.	an tÉireannach		na hÉireannaigh
Gin.	tír an Éireannaigh		tír na nÉireannach
Ain.	an Sasanach		na Sasanaigh
Gin.	tír an tSasanaigh		tír na Sasanach
Ain.	an Gearmánach		na Gearmánaigh
Gin.	tír an Ghearmánaigh		tír na nGearmánach

 Cleachtaí le déanamh

Scríobh tú féin anois tuisil na n-ainmfhocal seo a leanas – tá siad go léir sa Chéad Díochlaonadh.

Ainmfhocal	Tuis. Ain.	Tuis. Gin.	Tuis. Ain. Iol.	Tuis. Gin. Iol.
andúileach	an t-andúileach	cara an andúiligh	na handúiligh	cara na n-andúileach
bád				
bochtanas				
capall				
ceantar				
ceol				
clár				
coirpeach				
córas				
corp				
crann				
dícheall				
droichead				
Francach				

Ainmfhocal	Tuis. Ain.	Tuis. Gin.	Tuis. Ain. Iol.	Tuis. Gin. Iol.
focal				
fómhar				
foréigean				
friotal				
leabhar				
leanbh				
milseán				
ocras				
oideachas				
páipéar				
pictiúr				
pobal				
post				
príosún				
rialtas				
rothar				
saibhreas				
samhradh				
tamall				
teaghlach				
ticéad				
údar				

An Dara Díochlaonadh

- Tá an chuid is mó de na hainmfhocail seo baininscneach, agus críochnaíonn siad ar chonsan.
- Chun an Ginideach Uatha a chumadh, caolaítear an consan deiridh (más gá), agus cuirtear -e leis.

	Uatha	Iolra
Ain.	Tá an fhuinneog dúnta.	Tá na fuinneoga dúnta.
Gin.	gloine na fuinneoige	gloine na bhfuinneog
Ain.	Tá an charraig mór.	Tá na carraigeacha mór.
Gin.	dath na carraige	dath na gcarraigeacha
Ain.	an chlann	na clanna
Gin.	máthair na clainne	máithreacha na gclann
Ain.	Tá an aimsir go maith.	
Gin.	réamhaisnéis na haimsire	
Ain.	Tá an áit go hálainn.	na háiteanna
Gin.	muintir na háite	muintir na n-áiteanna
Ain.	Tá an tseachtain fada.	na seachtainí
Gin.	i rith na seachtaine	i rith na seachtainí
Ain.	Tá an tsráid salach.	na sráideanna
Gin.	ainm na sráide	ainmneacha na sráideanna
Ain.	Tá an bhaintreach anseo.	Tá na baintreacha anseo.
Gin.	caint na baintrí	caint na mbaintreach

An Uimhir Iolra sa Dara Díochlaonadh

An dtugann tú faoi deara nach bhfuil an uimhir iolra mar an gcéanna i gcónaí?

Tréaniolra

- Má tá an fhoirm chéanna ag an ainmfhocal i ngach tuiseal agus é san uimhir iolra, is tréaniolra é; mar shampla: an charraig, na carraigeacha, dath na gcarraigeacha; an tír, na tíortha, bratacha na dtíortha; an fhadhb, na fadhbanna, cúis na bhfadhbanna.

Lagiolra

- Mura gcuirtear ach -a leis an uimhir uatha chun an uimhir iolra a dhéanamh, tá lagiolra aige agus níl sé mar an gcéanna i ngach tuiseal; mar shampla: an chlann, na clanna, teach na gclann; an fhuinneog, na fuinneoga, gloine na bhfuinneog.

Bí cúramach!

- Má chríochnaíonn an t-ainmfhocal baininscneach le **-each** athraíonn sé go dtí -í sa Tuiseal Ginideach: an bhaintreach, pinsean na baintrí; an bháisteach, ag cur báistí.
- Agus má chríochnaíonn sé le **-ach** athraíonn sé go dtí **-aí** sa Tuiseal Ginideach: an ghealach, dath na gealaí.

Tuiseal Ainmneach	Tuiseal Ginideach
An Spáinn	muintir na Spáinne
An Spáinnis	ag foghlaim Spáinnise
An Fhrainc	muintir na Fraince
An Fhraincis	ag foghaim Fraincise
An Ghearmáin	muintir na Gearmáine
An Ghearmáinis	ag foghlaim Gearmáinise

Cleachtaí le déanamh

Scríobh tuisil na n-ainmfhocal seo; tá siad sa Dara Díochlaonadh agus baininscneach.

Ainmfhocal	Tuis. Ain.	Tuis. Gin.	Tuis. Ain. Iol.	Tuis. Gin. Iol.
abairt	an abairt	tús na habairte	na habairtí	tús na n-abairtí
agóid				
aidhm				
abairt				
aois				
bréag				
caibidil				
caint				
céim				
ceist				
cúirt				
duais				
fadhb				
feirm				
foireann				

An Tríú Díochlaonadh

- Críochnaíonn ainmfhocail an Tríú Díochlaonadh ar chonsan. Sa Ghinideach Uatha cuirtear -a leis an ainmfhocal; más caol don chonsan deiridh leathnaítear é.
- Is féidir trí mhór-roinn a dhéanamh de na hainmfhocail:
  - Ainmfhocail Phearsanta a chríochnaíonn ar -óir, -eoir, -éir, -úir: bádóir, múinteoir, siúinéir, saighdiúir. Tá siad firinscneach.
  - Ainmfhocail Theibí a chríochnaíonn ar -(e)acht nó -(a)íocht: filíocht, litríocht, aidiacht. Tá siad baininscneach.
  - Ainmfhocail eile atá firinscneach nó baininscneach, de ghnáth, de réir mar a chríochnaíonn siad ar chonsan leathan nó ar chonsan caol: tréad (f), feoil (b).
- Tá tréaniolraí -í, -aí, -anna, -acha ag na hainmfhocail ar fad sa Tríú Díochlaonadh.

	Uatha	Iolra
Ain.	Tá an múinteoir anseo.	Tá na múinteoirí anseo.
Gin.	mála an mhúinteora	málaí na múinteoirí
Ain.	Tá an ceacht éasca.	Tá na ceachtanna éasca.
Gin.	tús an cheachta	tús na gceachtanna
Ain.	Tá an chumhacht aige.	na cumhachtaí móra
Gin.	méid na cumhachta	méid na gcumhachtaí
Ain.	Tá an fhuil dearg.	
Gin.	Tá sé ag cur fola.	
Ain.	Tá an t-am istigh.	na hamanna
Gin.	i rith an ama	i rith na n-amanna
Ain.	Tá an fhilíocht go deas.	
Gin.	tús na filíochta	

Cleachtaí le déanamh

Scríobh tuisil na n-ainmfhocal seo; tá siad go léir sa Tríú Díochlaonadh.

Ainmfhocal	Tuis. Ain.	Tuis. Gin.	Tuis. Ain. Iol.	Tuis. Gin. Iol.
bainisteoir	an bainisteoir	ainm an bhainisteora	na bainisteoirí	ainmneacha na mbainisteoirí
bliain				
buachaill				
cáilíocht				
cruth				
dlíodóir				
dochtúir				
éad				
éifeacht				
fáth				
fiaclóir				
fuath				
guth				
litríocht				
meas				
poblacht				
polaitíocht				
rang				
rás				
síocháin				
smacht				
tábhacht				

An Ceathrú Díochlaonadh

- Is ionann foirm do na tuisil go léir san Uimhir Uatha.
- Críochnaíonn an t-ainmfhocal ar -ín nó ar ghuta san Uimhir Uatha.
- Tá tréaniolraí ag na hainmfhocail go léir – críochnaíonn siad ar -í, -te, -the, -anna de ghnáth.
- Is firinscneach d'fhormhór na n-ainmfhocal.

	Uatha	Iolra
Ain.	Fuair an cailín duais.	Fuair na cailíní duais.
Gin.	duais an chailín	duais na gcailíní
Ain.	Tá an mála lán.	Tá na málaí lán.
Gin.	dath an mhála	dath na málaí
Ain.	Tá an t-ainmhí marbh.	Tá na hainmhithe marbh.
Gin.	bás an ainmhí	bás na n-ainmhithe
Ain.	Tá an aiste sin go maith.	Tá na haistí go maith.
Gin.	tús na haiste	tús na n-aistí
Ain.	Bhí an tsleá briste.	Bhí na sleánna briste.
Gin.	briseadh na sleá	briseadh na sleánna
Ain.	Tá an fhírinne searbh.	Tá na fírínní searbh.
Gin.	seirbhe na fírinne	seirbhe na bhfírinní

Cleachtaí le déanamh

Scríobh tuisil na n-ainmfhocal seo; tá siad go léir sa Cheathrú Díochlaonadh.

Ainmfhocal	Tuis. Ain.	Tuis. Gin.	Tuis. Ain. Iol.	Tuis. Gin. Iol.
bata	an bata	dath an bhata	na bataí	dath na mbataí
béile				
cluiche				
coláiste				
dalta				
farraige				
file				
gadaí				
gloine				

Ainmfhocal	Tuis. Ain.	Tuis. Gin.	Tuis. Ain. Iol.	Tuis. Gin. Iol.
oibrí				
oíche				
páiste				
rógaire				
saoirse				
siopa				
teanga				
timpiste				
tine				
toitín				
uisce				

An Cúigiú Díochlaonadh
- Níl a lán ainmfhocal sa Chúigiú Díochlaonadh.
- San Ainmneach Uatha críochnaíonn siad ar chonsan caol (-in, -ir, -il) nó ar ghuta.
- Sa Ghinideach Uatha críochnaíonn siad ar chonsan leathan.
- Is baininscneach d'fhormhór na n-ainmfhocal.
- Tá tréaniolraí acu.

Ainmfhocail a chríochnaíonn ar '-in', '-ir', '-il'
- Sa Ghinideach Uatha leathnaítear consan deiridh d'ainmfhocal aonsiollach agus cuirtear -ach leis.
- Más ainmfhocal ilsiollach é, coimrítear de ghnáth é agus cuirtear -(e)ach leis.

	Uatha		Iolra
Ain.	Níl an cháin íoctha agat.		Níl na cánacha íoctha agat.
Gin.	airgead na cánach		airgead na gcánacha
Ain.	Tá an riail i bhfeidhm anois.		Tá na rialacha i bhfeidhm.
Gin.	sárú na rialach		sárú na rialacha
Ain.	Tá an eochair agam.		Tá na heochracha agam.
Gin.	poll na heochrach		poll na n-eochracha
Ain.	Scríobh mé an litir.		Scríobh mé na litreacha.
Gin.	clúdach na litreach		clúdach na litreacha

Ainmfhocail a chríochnaíonn ar ghuta

● Ainmfhocail bhaininscneacha a chríochnaíonn ar ghuta cuirtear -n leo sa Ghinideach Uatha, agus -na leo san iolra.

	Uatha	Iolra
Ain.	d'fhill an chomharsa	d'fhill na comharsana
Gin.	filleadh na comharsan	filleadh na gcomharsan
Ain.	Tá an mhonarcha ar oscailt.	Tá na monarchana ar oscailt.
Gin.	bainisteoir na monarchan	bainisteoir na monarchana

Cleachtaí le déanamh

Scríobh tuisil na n-ainmfhocal seo; tá siad go léir sa Chúigiú Díochlaonadh.

Ainmfhocal	Tuis. Ain.	Tuis. Gin.	Tuis. Ain. Iol.	Tuis. Gin. Iol.
abhainn	an abhainn	trasna na habhann	na haibhneacha	trasna na n-aibhneacha
cabhair				
cara				
cathair				
mainistir				
namhaid				
traein				
triail				
uimhir				
siúr				
cathaoir				
beoir				
lasair				
pearsa				
treoir				

Ainmfhocail Neamhrialta

	Uatha	Iolra
Ain.	Tá an deirfiúr ag caint.	Tá na deirfiúracha ag caint.
Gin.	caint na deirféar	caint na ndeirfiúracha
Ain.	Tá an deartháir ag caint.	Tá na deartháireacha anseo.
Gin.	caint an dearthár	caint na ndeartháireacha
Ain.	Bhí an mhí fliuch.	Bhí na míonna fliuch.
Gin.	ar feadh na míosa	ar feadh na míonna
Ain.	Tá an bhean anseo.	Tá na mná anseo.
Gin.	caint na mná	caint na mban
Ain.	Tá an teach tógtha.	Tá na tithe tógtha.
Gin.	bean an tí	mná na dtithe
Ain.	Tá an deoch daor.	Tá na deochanna daor.
Gin.	praghas na dí	praghas na ndeochanna
Ain.	Tá an leaba mór.	Tá na leapacha mór.
Gin.	taobh na leapa	taobh na leapacha
Ain.	Tá an talamh go dona.	Tá na tailte go dona.
Gin.	féar an talaimh / na talún	féar na dtailte
Ain.	Tá an t-athair anseo.	Tá na haithreacha anseo.
Gin.	in ainm an athar	in ainm na n-aithreacha
Ain.	Tá an mháthair ag caint.	Tá na máithreacha ag caint.
Gin.	caint na máthar	caint na máithreacha

 Bí cúramach!

- Is í Éire mo thír dhúchais.
- Táim i mo chónaí in Éirinn. (An Tuiseal Tabharthach)
- muintir na hÉireann (An Tuiseal Ginideach)

Caibidil 24
Aidiacht agus Ainmfhocal

- Leanann an aidiacht an t-ainmfhocal de ghnáth, agus réitíonn sí leis de réir tuisil, inscne agus uimhreach.
- Chun aidiacht a chur san uimhir iolra, cuir '-a' nó '-e' leis (de ghnáth); mar shampla: ard: arda; bocht: bochta; deacair: deacra; misniúil: misniúla; leisciúil: leisciúla; ciúin: ciúine; saibhir: saibhre; milis: milse; láidir: láidre.
- Cuirtear séimhiú ar an aidiacht san uimhir iolra má chríochnaíonn an t-ainmfhocal ar chonsan caol; mar shampla, na fir mhóra, na capaill dhubha, na sagairt chiúine.
- Tá trí dhíochlaonadh den aidiacht ann.

An Chéad Díochlaonadh
– aidiachtaí a chríochnaíonn ar chonsan (m. sh., beag, mór, ciúin, deas, bocht, uaigneach)

- Sa Ghinideach Uatha firinscneach, más ar chonsan leathan a chríochnaíonn an aidiacht caolaítear an aidiacht ionas go gcríochnaíonn sí ar chonsan caol:

	Uatha	Iolra
Ain.	Tá an fear mór ag caint.	Tá na fir mhóra ag caint.
Gin.	hata an fhir mhóir	hata na bhfear mór
Ain.	Tá an t-athair ciúin ag caint.	Tá na haithreacha ciúine ag caint.
Gin.	caint an athar chiúin	caint na n-aithreacha ciúine
Ain.	Tá an múinteoir bocht ag caint.	Tá na múinteoirí bochta ag caint.
Gin.	daltaí an mhúinteora bhoicht	daltaí na múinteoirí bochta

- Sa Ghinideach Uatha firinscneach déantar -aigh de -ach:

	Uatha	Iolra
Ain.	Tá an fear uaigneach ag caint.	Tá na fir uaigneacha ag caint.
Gin.	hata an fhir uaignigh	hata na bhfear uaigneach

- Sa Ghinideach Uatha baininscneach caolaítear consan deiridh na haidiachta más gá agus cuirtear -e leis:

	Uatha	Iolra
Ain.	Tá an tine mhór ar lasadh.	Tá na tinte móra ar lasadh.
Gin.	lasracha na tine móire	lasracha na dtinte móra
Ain.	Tá an bhean chiúin ag caint.	Tá na mná ciúine ag caint.
Gin.	caint na mná ciúine	caint na mban ciúin
Ain.	an bhean bhocht	na mná bochta
Gin.	caint na mná boichte	caint na mban bocht

- Sa Ghinideach Uatha baininscneach déantar -í nó -aí de -ach:

	Uatha	Iolra
Ain.	Tá an bhean uaigneach ag caint.	Tá na mná uaigneacha ag caint.
Gin.	caint na mná uaigní	caint na mban uaigneach
Ain.	Tá an choill chraobhach go deas.	Tá na coillte craobhacha go deas.
Gin.	crainn na coille craobhaí	crainn na gcoillte craobhacha

An Dara Díochlaonadh
– aidiachtaí a chríochnaíonn ar '-úil' nó '-(a)ir'

- Firinscneach

	Uatha	Iolra
Ain.	an post deacair	na poist dheacra
Gin.	teideal an phoist dheacair	teidil na bpost deacair
Ain.	an fear misniúil	na fir mhisniúla
Gin.	ainm an fhir mhisniúil	ainmneacha na bhfear misniúil

- Baininscneach

	Uatha	Iolra
Ain.	an bhean shaibhir	na mná saibhre
Gin.	caint na mná saibhre	caint na mban saibhir
Ain.	an chlann cháiliúil	na clanna cáiliúla
Gin.	teach na clainne cailiúla	tithe na gclann cáiliúil

An Tríú Díochlaonadh
– aidiachtaí a chríochnaíonn ar ghuta

	Uatha		Iolra
Ain.	an fear cliste		na fir chliste
Gin.	hata an fhir chliste		hataí na bhfear cliste
Ain.	an oíche fhada		na hoícheanta fada
Gin.	i rith na hoíche fada		i rith na n-oícheanta fada

An Uimhir Iolra

● Má bhíonn lagiolra ag an ainmfhocal bíonn lagiolra ag an aidiacht agus má bhíonn tréaniolra ag an ainmfhocal bíonn tréaniolra ag an aidiacht chomh maith, is cuma má tá na hainmfhocail baininscneach nó firinscneach.

Tuiseal Ainmneach	Tuiseal Ginideach
na fir mhóra	hata na bhfear mór
na fuinneoga móra	leic na bhfuinneog mór
na bádóirí ciúine	bád na mbádóirí ciúine
na cathracha beaga	muintir na gcathracha beaga
na haithreacha ciúine	caint na n-aithreacha ciúine
na mná ciúine	caint na mban ciúin
na fir bhrónacha	caint na bhfear brónach
na coillte craobhacha	crainn na gcoillte craobhacha

Cleachtaí le déanamh

A **Athscríobh na habairtí seo a leanas.**

1 Tá an buachaill (dathúil) _____ sa chlár.
2 Tá na cailíní (éirimiúil) _____ go léir i mo rang.
3 Tá fadhbanna (mór) _____ sa domhan inniu.
4 Tá na fir (gránna) _____ ag lorg airgid.
5 Tá na daltaí (cliste) _____ ag staidéar go dian.

B Athscríobh na habairtí seo a leanas.

1 Tá uaigneas ar an máthair (brónach) _____.
2 Tá uaigneas ar na haithreacha (brónach) _____.
3 Tá na tíortha (saibhir) _____ ag cabhrú leis na tíortha (bocht) _____.
4 Beidh na scrúduithe (tábhachtach) _____ ar siúl go luath.
5 Bhí áthas ar na páistí (óg) _____ nuair a fuair siad milseáin.

C Athscríobh na habairtí seo a leanas.

1 D'fhág na mná (ciúin) _____ an chóisir go luath.
2 Léigh mé na leabhair (suimiúil) _____ anuraidh.
3 Briseadh an fhuinneog (glan) _____ le cloch (mór) _____.
4 Tá sléibhte (ard) _____ agus aibhneacha (glan) _____ in Éirinn.
5 Rinneamar staidéar ar fhilíocht (casta) _____ agus ar dhánta (deacair) _____.

D Athscríobh na habairtí seo a leanas.

1 Bhí úinéir (an fheirm bheag) _____ sona.
2 Tá gruaig (dubh) _____ ag an gcailín ach b'fhearr léi gruaig (fionn) _____.
3 Phós na deartháireacha (mór) _____ mná (láidir) _____.
4 Bhí doras (an seomra beag) _____ oscailte.
5 Bhí ár múinteoir (rang) _____ crosta lenár rang (glórach) _____.

E Athscríobh na habairtí seo a leanas.

1 Bhí éad ar an deirfiúr (bocht) _____ lena deirfiúr (saibhir) _____.
2 Níl meas ag daoine ar pholaiteoirí (cam) _____.
3 Tá muintir (na tíortha bocht) _____ ag brath ar mhuintir (na tíortha saibhir) _____.
4 Bhí tart (mór) _____ orm agus d'ól mé an bainne (fuar) _____.
5 Níor éist na fir (ciallmhar) _____ leis na fir (seafóideach) _____.

Athscríobh na leaganacha seo a leanas.

1   mac (an bhean óg) _____
2   ar aghaidh (an teach mór) _____
3   ceann (an capall bán) _____
4   trasna (an pháirc ghlas) _____
5   in aice (an abhainn mhór) _____

G   Athscríobh na leaganacha seo a leanas.

1   teach (an rí leisciúil)

_____

2   in aice (an tine mhór)

_____

3   geata (an séipéal dubh)

_____

4   dath (an sionnach santach)

_____

5   dath (an ghrian bhuí)

_____

H   Athscríobh na leaganacha seo a leanas.

1   máthair (an garsún beag) _____
2   muintir (an tuath ghlas) _____
3   i lár (an tsráid mhór) _____
4   nead (an t-éan beag) _____
5   máthair (na buachaillí móra) _____

I   Athscríobh na leaganacha seo a leanas.

1   cara (na fir mhóra) _____
2   bean (an fear santach) _____
3   fear (an bhean leisciúil) _____
4   cara (an fear tábhachtach) _____
5   dánta (na filí maithe) _____

J   Athscríobh na leaganacha seo a leanas.

1   leabhair (an t-údar uafásach) _____
2   tús (an aiste fhada) _____
3   múinteoir (an scoil mhaith) _____
4   tús (na dánta uafásascha) _____
5   páistí (an mháthair thuirseach) _____

Caibidil 25

Súil Siar

Léigh na hailt seo a leanas agus aimsigh na pointí gramadaí éagsúla iontu.

Alt I

Dia daoibh, is mise Pádraigín agus seo é mo pheata coinín, Thumper. Tá sé dhá bhliain d'aois. Tá dath bán ar a chlúimh agus tá súile bándearga aige. Is maith leis cairéid agus brocailí a ithe. Tá cró beag aige agus fanann sé ann san oíche. I rith an lae bíonn sé ag rith timpeall agus ag déanamh poll. Go minic itheann sé na plandaí atá ag fás sa ghairdín, rud a chuireann fearg ar m'athair. Glanaim amach an cró gach trí lá. Is aoibhinn liom mo pheata coinín agus nuair a fheiceann sé mé tosaíonn sé ag léim orm agus ag bolú. Tá sé an-ghreannmhar.

Aimsigh na gnéithe gramadaí seo a leanas san alt thuas.

1. dhá shampla den Aidiacht Shealbhach
2. sampla amháin d'Aidiacht san Uimhir Uatha
3. sampla amháin d'Aidiacht san Uimhir Iolra
4. dhá shampla den Fhorainm Réamhfhoclach
5. dhá shampla den Ainm Briathartha
6. dhá shampla den Tuiseal Ginideach
7. dhá shampla den Chopail
8. dhá shampla den Tuiseal Tabharthach
9. dhá shampla den Aimsir Láithreach

Alt 2

Risteárd anseo. Is aoibhinn liom a bheith ag léamh. Nuair a bhí mé níos óige léigh mé leabhair bhleachtaireachta agus leabhair thaibhsí, na leabhair *Goosebumps* a scríobh R. L. Stine agus leabhair Enid Blyton. Anois is fearr liom leabhair staire, go háirithe na leabhair a scríobhann Marita Conlon McKenna a bhaineann leis an nGorta Mór in Éirinn fadó. Táim i mo bhall den leabharlann áitiúil agus de leabharlann na scoile. Tá cárta ballraíochta agam agus gach coicís téim go dtí an leabharlann agus tugaim na leabhair atá léite agam ar ais agus tógaim leabhair nua amach ar iasacht. Tá coicís agam chun na leabhair nua a léamh agus tá orm fíneáil a íoc má táim déanach ag tabhairt na leabhar ar ais.

Aimsigh na gnéithe gramadaí seo a leanas san alt thuas.

1. sampla amháin den Aidiacht Shealbhach
2. sampla amháin d'Aidiacht san Uimhir Uatha
3. sampla amháin d'Aidiacht Bhriathartha
4. dhá shampla den Fhorainm Réamhfhoclach
5. sampla amháin de Bhreischéim na hAidiachta
6. dhá shampla den Tuiseal Ginideach
7. dhá shampla den Chopail
8. dhá shampla den Tuiseal Tabharthach
9. dhá shampla den Ainm Briathartha

Alt 3

Dia daoibh, Aoife Ní Bhaoill anseo. Is aoibhinn liom an t-earrach. Bíonn an dúlra faoi bhláth arís tar éis chodladh an gheimhridh agus bíonn na héin ag tógáil a neadacha. Bíonn na feirmeoirí an-ghnóthach ag cur arbhair agus prátaí. Bíonn Lá Vailintín ar an 14ú Feabhra. Ar an lá sin seolann buachaillí agus cailíní cártaí grá dá chéile. Ar an gcéad lá d'Aibreán bíonn Lá na nAmadán ann. Ar an lá sin imríonn daoine cleasa ar a chéile. Anuraidh dúirt mo mháthair liom gur bhuaigh sí milliún punt sa Chrannchur Náisiúnta agus chreid mé í! B'amadán ceart mise. Bíonn Domhnach Cásca san earrach freisin. Gach bliain faighim cúpla ubh Cásca ó mo thuismitheoirí agus ó mo chairde. Is aoibhinn liom an nós sin.

Aimsigh na gnéithe gramadaí seo a leanas san alt thuas.

1   dhá shampla den Fhorainm Réamhfhoclach
2   dhá shampla den Tuiseal Ginideach
3   sampla den Aimsir Ghnáthláithreach
4   sampla amháin den Urú
5   sampla amháin den Séimhiú
6   dhá shampla den Aimsir Chaite
7   dhá shampla den Chopail
8   dhá shampla den Ainmfhocal Iolra
9   dhá shampla den Aidiacht Shealbhach

Alt 4

Dia daoibh, Aoife anseo arís. Más aoibhinn liom
an t-earrach, is fearr i bhfad liom an samhradh
mar go mbíonn na laethanata saoire ann agus
bím críochnaithe leis an scoil. Is aoibhinn liom na
laethanta fada geala agus an ghrian ag
taitneamh an lá ar fad! Gach bliain téim féin
agus mo theaghlach ar laethanta saoire.
Anuraidh chuamar go dtí an Spáinn agus bhí sé
ar fheabhas. Bhí an ghrian ag taitneamh an t-am
ar fad agus ní raibh fiú scamall amháin sa spéir.
Chuaigh mé ag snámh gach lá agus ag spraoi le
mo chairde ar an trá. I mbliana táimid ag dul go
dtí Domhan Disney i Meiriceá. Táim ag tnúth go
mór le dul mar go bhfuil a fhios agam go
mbeidh sé ar fheabhas.

Aimsigh na gnéithe gramadaí seo a leanas san alt thuas.

1   dhá shampla den Fhorainm Réamhfhoclach
2   sampla amháin den Alt san Uimhir Uatha agus san Uimhir Iolra
3   dhá shampla den Chopail
4   sampla amháin den Urú
5   sampla amháin den Séimhiú
6   dhá shampla den Ainm Briathartha
7   sampla amháin den Aimsir Chaite
8   sampla amháin den Aimsir Fháistineach
9   sampla amháin den Tuiseal Ginideach

Alt 5

Tá múinteoirí agus tuismitheoirí ag éirí an-bhuartha faoi fhadhb an óil i measc daoine óga. Tá roinnt daoine óga ag dul amach ag an deireadh seachtaine agus ag ceannach alcóil i siopaí eischeadúnais nó faigheann siad daoine níos sine chun an t-alcól a cheannach dóibh. Is minic a bhíonn póit ar dhaoine óga agus bíonn siad i dtrioblóid ar scoil. Ní bhíonn siad ag staidéar i gceart agus titeann siad ar gcúl san obair scoile.

Tá fadhb ann freisin leis na drugaí. Tá líon na ndaoine atá ag tógáil drugaí ag méadú i gcónaí. Cén fáth a bhfuil na fadhbanna sin ann? Cuireann roinnt daoine an locht ar bhrú comhaoise. Cuireann daoine eile an locht ar na siopaí eischeadúnais a íocann an t-ól le daoine faoi aois. Deir daoine eile go bhfuil cuid den aos óg bréan den saol agus go dtosaíonn siad ansin ag tógáil drugaí.

Aimsigh na gnéithe gramadaí seo a leanas san alt thuas.

1. dhá shampla d'Ainmfhocail san Uimhir Iolra
2. dhá shampla den Tuiseal Ginideach
3. dhá shampla den Urú
4. dhá shampla den Ainm Briathartha
5. sampla amháin den Fhoirm Cheisteach
6. dhá shampla den Réamhfhocal
7. sampla amháin den Ghnáthláithreach
8. sampla amháin den Aimsir Láithreach
9. dhá shampla de Bhriathra Neamhrialta

Alt 6

Táim tinn tuirseach de scéalta gruama faoin tír, mar, chun an fhírinne a rá, tá taobh eile den scéal ann, taobh a chuireann áthas agus gliondar croí orm. Táim ag caint, ar ndóigh, faoi na carthanais éagsúla atá ag obair go deonach timpeall na tíre, gan mórán poiblíochta de ghnáth. Tá Clann Shíomóin ag obair le fada an lá leis na daoine gan dídean. Sa bhliain 2002 bhí beagnach trí mhíle duine fásta gan dídean i mBaile Átha Cliath agus tá an uimhir sin ag méadú i gcónaí. Bíonn daoine gan dídean, dar le

Clann Shíomóin, mar gheall ar bhochtanas, ganntanas tithe, fadhbanna teaghlaigh, dífhostaíocht, andúileacht drugaí agus óil. Déanann na hoibrithe deonacha le Clann Shíomóin gach iarracht cabhrú leis na créatúir bhochta. Gach oíche bíonn cuairt an anraith ann nuair a théann na hoibrithe deonacha amach chun anraith, bia agus comhluadar a thabhairt do na bochtáin. Tá brúnna ag an gClann freisin agus is féidir le daoine eile leaba agus béile a fháil ann.

Aimsigh na gnéithe gramadaí seo a leanas san alt thuas.

1. dhá shampla den Aidiacht
2. dhá shampla den Ainm Briathartha
3. trí shampla den Tuiseal Ginideach
4. dhá shampla den Séimhiú
5. dhá shampla den Urú
6. dhá shampla de Réamhfhocal
7. dhá shampla den Ainmfhocal Iolra
8. dhá shampla den Aimsir Láithreach

Alt 7

Rugadh Paul Hewson ar 10ú Bealtaine 1960 i mBaile Átha Cliath. Tógadh é ar an taobh ó thuaidh den chathair. Is é Paul an duine is óige sa teaghlach. Tá deartháir amháin aige, Norman, atá níos sine ná é. Bobby is ainm dá athair agus Iris is ainm dá mháthair. Tá aithne níos fearr ag an saol air mar Bono, príomhamhránaí leis an ngrúpa U2. Thug a chara Guggi an leasainm sin dó (guth deas an bhrí leis).

Nuair a bhí Bono óg bhí sé fiosrach. Ag an am céanna bhí sé dearmadach. Is cuimhin lena thuismitheoirí eachtra iontach a tharla nuair a bhí Bono trí bliana d'aois. Bhí sé ag súgradh sa ghairdín. Chonaic sé na beacha meala ar na bláthanna, thóg sé iad ina lámha, labhair sé leo, chuir sé iad ar ais gan oiread is cealg amháin a fháil!

Tá clú agus cáil bainte amach ag Bono agus ag a ghrúpa U2 ar fud an domhain anois. Tá cairde mór le rá aige i ngach cearn den domhan ach tá a bhaile fós i mBaile Átha Cliath, ar an taobh ó dheas den chathair anois.

Aimsigh na gnéithe gramadaí seo a leanas san alt thuas.

1. dhá shampla den Saorbhriathar san Aimsir Chaite
2. sampla amháin de Bhreischéim agus de Shárchéim na hAidiachta
3. dhá shampla den Aidiacht Uatha
4. dhá shampla den Aidiacht Shealbhach agus Réamhfhocal le chéile
5. dhá shampla den Fhorainm Réamhfhoclach
6. dhá shampla den Aidiacht Shealbhach
7. dhá shampla den Séimhiú
8. dhá shampla den Ainm Briathartha

Alt 8

Tús an tsamhraidh a bhí ann, an dara seachtain de na laethanta saoire fada ón scoil. Bhí pleananna agam don lá sin agus do gach lá ina dhiaidh sin. Ní fhéadfainn bogadh go Baile Átha Cliath agus mo chairde, mo shaol agus Eoin a fhágáil i mo dhiaidh.

Bhíomar inár gcónaí i mbaile beag iargúlta faoin tuath. Dúirt mo thuismitheoirí go raibh deiseanna ní b'fhearr le fáil sa chathair, go raibh post iontach faighte ag m'athair ann agus nach raibh aon rogha agam ach imeacht. B'fhéidir go raibh sé iargúlta ach domsa bhí sé fuadrach spleodrach. Bhí gach rud iontach ann. Bhí mé i mo bhall den chlub leadóige, den chlub snámha, bhí mé ar an bhfoireann peile. Bhí mé i gcruachás ceart. Bhí orm smaoineamh ar phlean agus smaoineamh ar cheann go sciobtha. Dúirt m'athair liom go mbeadh an ceanntálaí ag teacht le lánúin an tráthnóna sin agus a bheith cinnte go mbeadh an teach glan néata. Dúirt sé liom gan fanacht sa teach leo ach ...

Aimsigh na gnéithe gramadaí seo a leanas san alt thuas.

1   dhá shampla den Tuiseal Ginideach
2   dhá shampla den Mhodh Coinníollach
3   dhá shampla den Aidiacht Shealbhach
4   sampla amháin de Bhreischéim na hAidiachta
5   dhá Aidiacht san Uimhir Uatha
6   dhá shampla den Fhorainm Réamhfhoclach
7   Ainmfhocal Firinscneach
8   dhá shampla den Ainm Briathartha
9   sampla amháin den Urú

Alt 9

Bhí sé an-fhuar an mhaidin sin agus bhí na bóithre sleamhain. Bhí gaoth láidir ag séideadh agus bhí mé préachta leis an bhfuacht. Is dócha nach raibh mé ag smaoineamh i gceart agus go raibh m'aigne dírithe ar an lá mór a bhí romham mar an chéad rud eile ná bhí mé i mo luí i mo chnap ar an talamh. Is amhlaidh gur sciorr mé ar an leac oighir agus gur bhuail carr mé. Tháinig an tiománaí as a carr, bean dheas a bhí an-chineálta agus buartha fúm. Bhí pian i mo chos ach chuir mé ina luí uirthi go raibh mé ceart go leor. Bhí mo rothar i smidiríní agus d'fhág mé é ar thaobh an bhóthair. Thug an bhean síob dom chuig an scoil.

Aimsigh na gnéithe gramadaí seo a leanas san alt thuas.

1   dhá Aidiacht
2   dhá shampla den Aidiacht Bhriathartha
3   dhá shampla den Urú
4   dhá shampla den Ainm Briathartha
5   dhá shampla den Séimhiú
6   dhá shampla den Fhorainm Réamhfhoclach
7   dhá shampla den Aidiacht Shealbhach
8   sampla amháin den Tuiseal Ginideach
9   dhá Ainmfhocal Bhaininscneacha

Alt 10

Tá athrú mór ag teacht ar an mbealach a ndéanann daoine a gcuid siopadóireachta. Is féidir earraí ó áiteanna ar fud na cruinne a cheannach ar an idirlíon ón mbaile nó ón ionad oibre ag am ar bith sa lá. Tá an líon daoine sa tír seo atá ag ceannach thar an idirlíon tar éis dul i méid le blianta beaga anuas. Tá idir leabhair, cheol, earraí leictreacha, eitiltí agus neart eile á gceannach ag na daoine seo. Tá siad ag sábháil ama agus airgid (uaireanta) ar na hearraí seo.

Ag an am céanna, ní fheiceann siad ach pictiúr den earra. Ní féidir leo lámh a leagan air, é a thriail ná boladh ná blas a fháil uaidh. Is féidir roinnt ama a chur amú ag cuardach díreach an rud atá uait – cé go dtagann feabhas air seo le taithí agus le suíomhanna ag éirí 'níos cairdiúla'.

Aimsigh na gnéithe gramadaí seo a leanas san alt thuas.

1   dhá shampla den Ainm Briathartha
2   dhá shampla den Tuiseal Ginideach Uatha
3   dhá shampla den Chopail
4   sampla amháin den Fhoirm Dhiúltach den bhriathar
5   dhá shampla den Fhorainm Réamhfhoclach
6   sampla amháin den Urú
7   dhá shampla den Aidiacht san Uimhir Iolra
8   sampla amháin de Bhreischéim na hAidiachta
9   sampla amháin de Réamhfhocal Comhshuite